AF611484

PROGRAMMES

DES

COURS RÉVOLUTIONNAIRES

SUR L'ART MILITAIRE,

L'ADMINISTRATION MILITAIRE,

LA SANTÉ DES TROUPES ET LES MOYENS DE LA CONSERVER.

FAITS aux Élèves de l'École de Mars, depuis le 5 Fructidor jusqu'au 13 Vendémiaire, an troisième de la République.

IMPRIMÉS PAR ORDRE DU COMITÉ DE SALUT PUBLIC.

A PARIS,

DE L'IMPRIMERIE DU COMITÉ DE SALUT PUBLIC.

AN 3 DE LA RÉPUBLIQUE FRANÇAISE.

COURS RÉVOLUTIONNAIRE
DE
L'ART MILITAIRE
POUR SERVIR A L'ÉCOLE DE MARS.

En exécution des décrets de la Convention nationale, et des arrêtés du Comité de Salut-public.

IMPRIMÉ PAR ORDRE DU COMITÉ DE SALUT PUBLIC.

PREMIÈRE LEÇON.

Des différentes manières de faire la guerre avant l'invention de la poudre.

LES hommes semblent s'être faits la guerre dès le moment où ils se sont rapprochés et où ils ont eu quelques relations ensemble. Les premiers, qui étoient errans et dispersés sur la terre, n'avoient qu'une existence isolée et de petits intérêts à soutenir : leurs combats étoient corps à corps; ils y employoient principalement l'adresse, la force et l'agilité de leurs membres, et se servoient, pour armes, de pierres, de bâtons et de massues.

Par les réunions plus nombreuses, les nations se sont formées. Elles ont eu besoin de se créer des gouvernemens : la persuasion et la force leur ont donné des maîtres; et il a fallu des armées, soit pour maintenir la liberté, soit pour servir la tyrannie.

La découverte du fer a fourni de meilleures armes : on s'en est servi pour former des dards, des lances, des flèches et des javelots qui ont été long-temps les moyens offensifs. L'industrie les a perfectionnées et en a fabriqué de nouvelles.

On a successivement augmenté la force et les ressources des armées, en domptant les animaux qui pouvoient y être utiles. C'est ainsi qu'on est parvenu à y employer les chevaux, les chameaux et les éléphans non-seulement pour le transport des bagages et attirails de guerre, mais encore pour être montés par des hommes. Avec les chevaux, on a imaginé les chars armés de lances tranchantes, dans lesquels plusieurs hommes avoient une partie du corps garantie, et se dirigeoient à travers les rangs ou dans les mêlées pour y mettre le désordre.

L'ordre de bataille des armées étoit assujéti à la nature des armes dont on se servoit alors; et comme les principales actions consistoient dans le choc et la mêlée, la tactique devoit se borner à disposer les hommes sur beaucoup de rangs, afin qu'ils pussent se soutenir réciproquement, résister au choc et manier facilement leurs armes.

Les différens peuples ont adopté différentes manières de s'armer et de combattre. L'accroissement de lumières et de ressources a modifié l'arrangement des batailles, et le fléau de la guerre a produit un art devenu malheureusement indispensable.

Dans les diverses dispositions des armées des anciens, on remarque particulièrement la phalange des Grecs et la légion romaine. La première étoit un corps considérable formé sur une seule ligne, ayant beaucoup de profondeur. Les soldats étoient armés d'une longue pique; les premiers rangs la tenoient en avant dans les momens d'action; les derniers rangs, qui ne pouvoient la manœuvrer, la tenoient élevée, et étoient destinés seulement à soutenir les autres.

La légion romaine se formoit sur trois lignes, armées différemment; les deux premières avoient des armes à jets et à main; la troisième, une espèce de pique avec des dards. Chaque ligne étoit divisée en petits corps qui gardoient entr'eux des intervalles, de manière que ceux de la première étoient recouverts par les subdivisions de la seconde; la troisième servoit de réserve.

Il entroit en outre dans la composition de la légion un certain nombre de cavaliers qui étoient armés d'un casque de fer, d'une chemise de mailles et d'une lance ferrée par les deux bouts.

Ces deux ordres de batailles différoient essentiellement dans leurs propriétés. La phalange étoit une masse lourde qui avoit de la consistance, mais qui étoit peu susceptible de se mouvoir sur toute sorte de terrains. La légion tiroit sa force de sa mobilité; agissant sur un gros corps qui n'en avoit pas, elle avoit l'avantage de pouvoir se porter sur tous ses points, de le diviser, de le pénétrer et d'y mettre le désordre.

Les armes de jet ne servoient guère que pour commencer les combats : il falloit toujours en venir à la charge et aux mains pour les décider ; et, pour exciter le soldat et l'étourdir sur le danger, on l'habituoit à crier, à chanter, et on se servoit aussi de différens instrumens de musique.

Du moment où on a fait la guerre en grand nombre, est venue la nécessité de rechercher et de créer des obstacles, et d'inventer les moyens de fortifier les partis foibles contre les plus forts. Les remuemens de terre, les abatis d'arbres, les palissades et les murailles ont été mis en usage, et l'on se servoit, pour attaquer et défendre, de grandes machines difficiles à transporter et à manier, telles que le bélier, la baliste et la catapulte.

COURS RÉVOLUTIONNAIRE
DE
L'ART MILITAIRE.

SECONDE LEÇON.

Des changemens dans la manière de faire la guerre, depuis l'invention de la poudre.

L'INVENTION de la poudre a produit de grands changemens dans l'art de la guerre ; les armes à feu, qui en ont été la suite, ont obligé les armées à combattre à de plus grandes distances, et les charges et les mêlées sont devenues plus rares.

Les premiers mousquets dont on s'est servi, étoient lourds et incommodes : le soldat portoit avec lui une espèce de fourche qu'il plantoit en terre pour les supporter, et il y mettoit le feu avec une mèche qui étoit sujette à manquer son effet et à occasionner des accidens.

Les troupes ont été long-temps armées en partie de piques et de mousquets ; ces derniers, perfectionnés peu à peu, sont devenus plus commodes et plus portatifs. L'invention de la baïonnette y a réuni ensuite les avantages précieux de l'action du jet, de la charge contre l'infanterie, et de la résistance contre la cavalerie, et a fait abandonner presqu'entièrement la pique.

La même cause a aussi, pour ainsi dire, proscrit l'usage de l'arme blanche. Autrefois le soldat portoit, indépendamment de sa pique ou de sa lance, une épée dont il se servoit fréquemment ; aujourd'hui la cavalerie paroît seule l'employer avec avantage, et le sabre ou l'épée que porte le fantassin, n'est guère pour lui qu'un ornement gênant et inutile.

Le fusil, armé de sa baïonnette, bien moins long que la pique, ne peut pas, par cette raison, remplacer parfaitement cette dernière ; seul, il n'est pas si favorable à l'action et à la résistance de la charge ; et il semble que pour cet objet particulièrement, il eût été bon de conserver la combinaison de ces deux armes.

L'effet prodigieux de la poudre a dû nécessairement opérer une révolution dans la manière d'attaquer et de défendre. Outre les changemens dans l'ordre des batailles, la composition et la disposition des armées, il a fallu d'autres précautions dans le choix des obstacles pour se garantir, et plus de soin et de travail dans la construction des moyens de défense. Les fortifications ont été assujéties à des formes plus compliquées. Des masses de terre, élevées sur une grande épaisseur, suffisent à peine pour mettre, dans un moment pressant, à l'abri de l'action des bouches à feu ; et ce n'est qu'en les soutenant de fortes murailles, que l'on est parvenu à en prolonger quelque temps la résistance.

COURS RÉVOLUTIONNAIRE
DE
L'ART MILITAIRE.

TROISIÈME LEÇON.

De la première instruction du Soldat.

LA première instruction à laquelle doit s'attacher le Citoyen qui veut se rendre propre au métier de la guerre, consiste à bien prendre la meilleure position du corps, et à rectifier les mauvaises habitudes qu'il peut avoir contracté, soit par négligence et abandon dans son maintien, ou parce que ses occupations particulières l'ont assujetti à des positions forcées et pénibles.

L'exercice du pas et la régularité de la marche sont essentiels, pour établir l'uniformité et la précision dans les mouvemens d'un ensemble d'hommes, destiné à agir en masse, et pour pouvoir calculer le temps qui lui est nécessaire pour se porter d'un lieu à un autre.

Le choix des hommes à-peu-près de même taille n'est pas fondé uniquement sur les avantages de l'apparence et du coup-d'œil, mais il est utile pour obtenir le plus grand accord dans la marche, et une égale promptitude dans les mouvemens, qui ont des différences sensibles parmi des individus plus ou moins grands.

Le Français devenu libre doit toujours être prêt à prendre les armes lorsque la patrie a besoin de son secours. Il faut donc qu'il sache bien les manier et s'en servir ; cela doit se réduire pour le fusil, par exemple, à savoir le porter de la manière la plus commode, et la moins fatigante pour lui, et faire dans une ligne de bataille toutes les manœuvres nécessaires pour le charger et le tirer avec le plus de promptitude possible, sans déranger l'harmonie qui doit régner.

Les manœuvres du canon et des autres bouches-à-feu qui font un objet très-important de la guerre, exigent le concours de plusieurs hommes qui doivent par conséquent s'entendre et bien connoître les fonctions qu'ils ont à remplir individuellement. C'est de l'exactitude de chacun en particulier que naît la promptitude et le bon effet.

Enfin, le cavalier avant de se mettre en ligne, doit savoir se rendre maître de son cheval, le monter avec fermeté et assurance, et en tirer tout le parti dont il est susceptible.

COURS RÉVOLUTIONNAIRE
DE
L'ART MILITAIRE.

QUATRIÈME LEÇON.

De la formation des troupes, de leurs manœuvres et évolutions.

Il faut nécessairement que les hommes soient bien exercés et bien instruits chacun en particulier, pour être en état de former des ensembles qui puissent être considérés comme des corps solides, susceptibles de se mouvoir dans tous les sens, d'être pliés, divisés et réunis à volonté.

L'ordre le plus simple est de mettre les hommes sur un rang, en les plaçant l'un à côté de l'autre; on a une ligne continue qui doit avoir toutes les propriétés du corps solide dont il vient d'être parlé; elle doit se porter par-tout où le terrain le permet sans se désunir, et aussi prendre différentes formes, se plier, se rompre et se rétablir, selon les circonstances.

Hors les cas particuliers, le rang, quelle que soit sa longueur, se forme toujours en ligne droite; cette direction est adoptée comme étant la plus facile à saisir, au moyen du rayon visuel, donnant le plus grand front possible, et laissant aux hommes accoudés les uns aux autres, toute l'aisance dont ils ont besoin pour marcher.

La ligne de bataille est composée de plus ou moins de rangs placés les uns derrière les autres, et leur nombre est assujéti à l'espèce d'arme que l'on emploie, et à l'objet que l'on a à remplir. D'après la longueur du fusil ordinaire, on se borne aujourd'hui à trois rangs, pour que tous les hommes de chacun d'eux puissent s'en servir.

Le premier rang, ou du moins celui qui se trouve en tête, est nécessairement le régulateur. C'est sur lui que les autres se dirigent; et par conséquent, de la précision de ses mouvemens dépend en grande partie celle de la masse entière. Il s'agit donc d'abord, de s'attacher à bien former un rang sur toutes les manœuvres qu'il est dans le cas de faire.

L'exercice sur un rang consiste premièrement à habituer le soldat à se placer lui-même dans l'alignement, lorsque la direction en est donnée. Ce n'est qu'en tâtonnant qu'il y parvient, et peut-être pourroit-on le lui faire prendre plus vîte, et avec plus de précision par file, en lui donnant, dans le prolongement de la ligne, un second jalon sur lequel il se dirigeroit, et fixant, entre lui et ceux qui le précèdent et le suivent, une distance telle, qu'en faisant front, il ait l'espace qu'il doit avoir.

Viennent ensuite les marches en avant ou arrière, et par les flancs, les conversions, les changemens de direction et de position, les différentes matières de rompre, et le maniement des armes. Les manœuvres assujéties à des règles simples, sont les bases essentielles de toutes celles qu'un corps de troupes est dans le cas d'exécuter.

Les mouvemens en masse sur plusieurs rangs, fondés sur les mêmes principes, offrent plus de difficultés, parce que les hommes y sont plus contraints et plus gênés dans leur action individuelle ; et pour parvenir à organiser un grand corps, et à lui donner l'harmonie et les propriétés qu'il doit avoir, il faut commencer par perfectionner les détails. Ce n'est que lorsque le soldat est parfaitement stylé à toutes les instructions qu'il a à acquérir pour agir seul, ou sur un rang, ou en petite division ou peloton, qu'il peut être admis dans la ligne de bataille; et les élémens étant ainsi bien préparés, il ne s'agit plus que de savoir en tirer parti dans l'ensemble qu'ils doivent composer.

Un corps de troupes, tel qu'un bataillon ou une millerie, formé sur trois ou plus de rangs, a plusieurs manières de marcher et d'agir; elles sont déterminées d'après les considérations de l'objet à remplir et des particularités du terrain.

S'il s'agit de se porter en avant, en bataille, il peut arriver qu'on ne puisse se faire sans le désunir, et même que la promptitude du mouvement à exécuter exige qu'on le fasse par pelotons ou par subdivisions; l'art se réduit à donner à ces dernières, des directions telles que, sans désordre et sans confusion, elles se transportent par le plus court chemin et le plus vîte possible à leurs positions respectives. Ceci peut comprendre, avec les différentes marches en bataille, les changemens de front, de position et de direction.

L'ordre en colonne consiste à placer les pelotons, ou divisions quelconques, les uns derrière les autres, selon l'épaisseur qu'elle doit avoir; et les différentes évolutions à faire pour passer de l'ordre en bataille à celui en colonne, et réciproquement, comprenent tout ce qui s'exécute pour les changemens de direction, les passages d'obstacles, de défilé et de ligne.

Ce qui vient d'être dit pour un corps d'hommes à pied, peut s'appliquer aussi à un corps d'hommes à cheval; l'organisation est la même, et il y a seulement dans les manœuvres de détail quelques différences qui tiennent à la structure du cheval et à ses propriétés particulières.

Il ne suffit pas d'avoir formé le soldat à toutes les manœuvres et évolutions qui viennent d'être décrites, et d'être assuré que chaque partie d'un corps de troupes est bien instruit et bien exercé, il faut encore que ceux qui sont chargés d'en diriger l'ensemble et les détails, connoissent bien exactement ce qu'ils ont à faire. La régularité et la précision des mouvemens dépendent principalement de la régularité et la précision dans le commandement, ainsi que de l'exactitude de la part de ceux qui le transmettent; et l'on sait que la meilleure troupe manœuvre toujours mal, quand elle est mal commandée.

COURS RÉVOLUTIONNAIRE
DE
L'ART MILITAIRE.

CINQUIÈME LEÇON.

Des manœuvres d'une colonne composée de plusieurs corps de troupes.

Une ligne de bataille est le composé de plus ou moins de corps particuliers d'infanterie et de cavalerie ; et les principes des grandes manœuvres qu'elle est dans le cas de faire, sont les mêmes que ceux qui ont été détaillés ci-dessus.

Le développement qu'offre une suite quelconque de corps de troupes à pied et à cheval, offre nécessairement un grand espace, et trouve bien rarement un pays sans obstacles pour se mouvoir ; et de même que l'on a vu qu'un corps particulier étoit souvent obligé d'exécuter ses mouvemens par subdivisions, pour plus de facilité et de promptitude, à plus forte raison, une grande masse se trouve-t-elle dans le cas de le faire.

Ainsi donc une ligne de bataille étant formée de corps bien organisés, chacun en particulier, tout consiste dans le génie et l'habileté de celui qui commande, et dans l'exactitude avec laquelle sont transmis les commandemens d'une extrémité à l'autre.

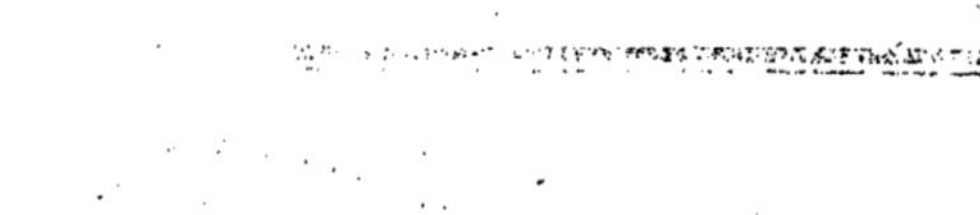

COURS RÉVOLUTIONNAIRE
DE
L'ART MILITAIRE.

SIXIÈME LEÇON.

De la composition d'une armée.

La composition d'une armée, et les proportions suivant lesquelles les différentes armes doivent y entrer, dépendent de la nature du pays où elle doit agir, de la force et de l'espèce de troupes que l'on a à combattre, et du genre de guerre que l'on a à soutenir.

Outre les troupes des différentes armes, telles que l'infanterie, la cavalerie et l'artillerie, il y a encore des accessoires considérables dépendans des administrations des vivres, des hôpitaux et des charrois pour les effets de campemens et autres objets indispensables.

S'il est question de défendre une partie de frontière des incursions de l'ennemi, ou d'occuper quelques positions intéressantes pour lui couper des communications et se les assurer à soi-même; avec la connoissance exacte des localités, on calculera aisément la quantité d'infanterie, d'ar-

A

tillerie dont on aura besoin, et la cavalerie qu'on pourra y employer.

Si l'on veut soi-même faire une excursion, et s'emparer d'une portion du pays ennemi, il s'agit de savoir si l'armée, que l'on peut rencontrer sur son chemin, est nombreuse; si elle a beaucoup de cavalerie et d'artillerie, l'espèce de cette dernière; si l'on va dans un pays de plaines bien ouvertes, ou s'il y a des montagnes, des bois, des rivières, des marais; si l'on a des places à assiéger, des positions retranchées à franchir, et enfin les obstacles de tout genre que l'on doit avoir à surmonter; c'est d'après les connoissances, ou tout au moins les notions acquises sur les différens objets, que l'on peut calculer les forces suffisantes et convenables.

La base fondamentale d'une armée est l'infanterie, parce qu'elle peut, à la rigueur, agir et se porter par-tout; mais il est avantageux, dans un pays de plaines et bien ouvert, d'avoir de la cavalerie qui, par sa grande mobilité, est très-utile pour protéger les flancs des colonnes, escorter les convois et former des attaques qui demandent de la vivacité et de la promptitude.

Lorsqu'on a prévu et calculé le nombre de bataillons ou corps d'infanterie, de ceux de cavalerie et d'artillerie qu'il faut réunir pour l'entreprise que l'on doit tenter, il est indispensable de s'assurer à l'avance de la quantité de subsistances de tout genre dont a besoin, et des moyens de se les procurer par-tout où l'on pourra se transporter; on doit avoir le même soin pour d'autres objets nécessaires aux troupes, tels que les effets de campement, d'habillement, d'équipement et d'armement, ainsi que les munitions de guerre de toute espèce. Ce n'est qu'après avoir réglé, d'une manière précise, toutes les différentes parties, que l'on peut mettre l'armée en mouvement.

L'unité d'action dans les opérations d'une armée, demande que le plan en soit confié à un seul chef chargé d'en diriger l'exécution ; mais comme une réunion de troupes, pour peu qu'elle soit considérable, occupe un grand espace, et qu'il ne seroit pas possible à un seul individu de tout voir, de se porter et de se faire entendre par-tout, on divise l'armée en plusieurs parties, qui sont chacune dirigées par un chef particulier qui reçoit l'impulsion du chef principal. Les parties ont encore plus ou moins de subdivisions qui ont chacune leur chef, et ainsi est établie la hiérarchie de pouvoirs, depuis celui qui commande l'armée entière, jusqu'aux chefs particuliers de chaque corps.

Le régulateur d'une machine aussi étendue et aussi compliquée, ne peut entrer dans les détails de tout ce qui concourt à ses mouvemens et à son action. Il doit nécessairement se borner à ordonner les principales dispositions ; mais il existe au-dessous de lui dans chaque armée un agent particulier qui a lui-même des sous-ordres, et dont l'emploi est de reconnoître le pays, marquer les directions à suivre, les positions à prendre, les postes à occuper, et de transmettre les ordres aux différentes parties, et de faire marcher tous les accessoires.

Les premiers agens ne donnent de même que les grandes impulsions ; elles sont reçues par des agens semblables attachés à chacune des divisions, et ceux-ci sont chargés ensuite de tous les détails analogues aux mouvemens de leurs divisions respectives ; c'est eux qui doivent voir en détail le pays qu'elles ont à parcourir et à occuper, s'assurer des chemins, des passages des rivières, des ruisseaux, des marais, choisir les emplacemens des camps, tracer et établir ceux-ci, et distribuer tous les postes nécessaires pour les garder. Ils ont en outre à transmettre les ordres relatifs au besoin des troupes.

COURS RÉVOLUTIONNAIRE
DE
L'ART MILITAIRE.

SEPTIÈME LEÇON.

Des reconnoissances militaires.

Les reconnoissances militaires consistent à s'assurer à l'avance de la nature et des ressources du pays sur lequel on doit se porter dans les entreprises de la guerre, du plus ou moins de facilité des chemins, des obstacles qu'on peut y rencontrer, des rivières et des ruisseaux à passer, de la manière de le faire, de l'utilité que l'on en peut tirer, les portions susceptibles d'être coupées, celles qui conviennent à la défense, ou sur lesquelles on pourroit attirer l'ennemi pour le combattre avec avantage; mesurer ou estimer les distances d'un lieu à un autre; et enfin tout ce qui intéresse la sûreté des marches et des opérations d'une armée.

Il y a plusieurs sortes de reconnoissances; savoir : 1°. Celles qui embrassent une grande étendue de pays, et qui, faites en tems de paix ou loin de l'ennemi, indiquent tout ce qu'il faut savoir pour former des plans de campagne, y combiner à l'avance ses moyens offensifs et défensifs;

2°. Les reconnoissances particulières qui intéressent seulement la marche ou les opérations d'une colonne ou division d'une armée, et qui consistent à voir en détail le pays sur lequel elle doit se diriger, et les précautions qu'elle a à prendre;

3°. Les reconnoissances qui se font pour s'assurer de la position de l'ennemi, de sa force, de la composition de son armée, de la manière dont il est campé et retranché, et des combinaisons à faire pour aller l'attaquer;

4°. Enfin celles qui ont rapport aux opérations d'un siège, et qui consistent à déterminer les positions à occuper pour l'envahissement d'une place; celles convenables à l'armée d'observation, les différens ouvrages qui composent la force de la place, et les points qui paroissent présenter moins de résistance et plus de facilité aux attaques.

Pour donner sur le pays que l'on est chargé de reconnoître, tous les renseignemens nécessaires, il faut d'abord savoir représenter à l'œil les formes du terrain, et tracer exactement ou à vue, les directions des chemins, des ruisseaux, des rivières, les contours des bois, des plaines, des marais, des habitations, et dessiner les montagnes et les vallons; on supplée ensuite à ce qui ne peut être donné par le dessein dans un mémoire circonstancié, qui détaille les particularités des communications, leurs avantages ou leur défense, les positions que l'on doit occuper, ou celles qui sont favorables à l'ennemi, la force des rivières, la nature de leurs bords, et les facilités de les passer à gué ou sur des ponts, les productions du pays, et les ressources qu'on en peut tirer.

COURS RÉVOLUTIONNAIRE
DE
L'ART MILITAIRE.

HUITIÈME LEÇON.

Des Marches.

IL faut considérer les marches des armées, suivant les différens objets qu'elles ont à remplir, et il ne sera question ici que de celles qui se font à portée de l'ennemi, et non pas des marches de colonnes, qui, n'ayant point de dangers à prévoir, ne sont pas assujetties aux mêmes précautions.

On peut marcher près de l'ennemi, pour le combattre, pour éviter le combat, pour prendre une position plus avantageuse, ou lui faire changer la sienne, s'emparer des communications, pour investir une place, ou lui porter des secours, etc.

Les différentes marches renferment toutes celles que l'on est dans le cas de faire, et ce sont les particularités du terrein, et les démarches de l'ennemi, qui décident dans chaque circonstance de quelle manière on doit les exécuter.

Pour peu qu'une armée soit nombreuse, elle présente toujours, sur une ou plusieurs lignes, un front qui a trop d'étendue pour qu'elle puisse ainsi s'avancer à une certaine distance. Des obstacles naturels ou artificiels la forceroient à chaque instant de se rompre, ou l'arrêteroient tout-à-fait, et elle est obligée de marcher en colonnes plus ou moins épaisses, selon la facilité que lui offre le pays.

En marchant sur une seule colonne, le mouvement est toujours lent en proportion de son grand développement; et si, d'ailleurs, la tête de la colonne rencontroit le front de l'ennemi, n'ayant pas de force, et ne pouvant être promptement soutenue, elle seroit abîmée.

Pour cette raison, et afin d'arriver plus promptement sur la nouvelle position que l'on doit prendre, ou le terrain sur lequel on veut combattre, il est essentiel de diviser la colonne en plus ou moins de parties, suivant le plus ou moins de commodité des communications, et de calculer leurs marches de manière qu'elles puissent toutes arriver, et se remettre en bataille en même temps, en reprenant leurs positions respectives dans l'ordre de bataille.

Dans le calcul à faire pour régler les marches de plusieurs colonnes, il faut considérer la qualité des chemins qu'on doit leur faire suivre, leurs dévelöppemens, les obstacles qui peuvent s'y rencontrer, les défilés plus ou moins étroits à passer, les traversées de villes ou villages, et les passages de rivière. Tous ces objets entrent nécessairement dans l'estimation du temps dont chaque colonne a besoin pour arriver, et déterminer par conséquent le moment de son départ.

On sait qu'une troupe à pied, marchant en ordre et

dans un bon chemin, fait au plus deux mille toises dans une heure, et qu'une troupe de cavalerie marchant de même peut en faire deux mille quatre cents dans le même temps. D'après ces données, et en ayant égard aux accidens et aux retards inévitables, on peut aisément décider, suivant l'époque à laquelle les colonnes doivent être en bataille, sur la nouvelle position, celles auxquelles chacune d'elles devra partir pour ne pas arriver trop tôt ou trop tard.

La division et la direction des colonnes dépendent de l'ordre de bataille qu'on a adopté, et qu'il est essentiel de régler avant d'arriver à portée de l'ennemi.

Quel que soit le front des subdivisions sur lequel la colonne marche, celle-ci doit toujours, autant que possible, conserver un développement égal à son front, et par conséquent garder constamment des distances suffisantes pour se mettre promptement en bataille; mais le moindre obstacle, joint à la négligence et à l'irrégularité du pas, change bien vîte cet ordre cependant bien important. Les colonnes peu-à-peu s'alongent, et la queue se trouve encore bien en arrière lorsque la tête est arrivée.

Dans la distribution des colonnes sur différentes directions, il faut observer qu'elles puissent toujours avoir entre elles des communications assurées et faciles, et des espaces suffisans pour se mettre en bataille. Cela suppose que la marche se fait à travers des plaines où l'on a la liberté de prendre des directions à volonté, et l'on sent aisément que cela n'est pas possible lorsqu'on est assujetti à des chemins fixes, desquels on ne peut pas s'écarter.

Il faut éviter les marches sur plusieurs colonnes parallèles au front de l'ennemi, parce que celui-ci peut en attaquer une seule, sans avoir rien à craindre des autres, et le faire avec une grande supériorité.

L'artillerie et les bagages qui suivent toujours les armées, doivent, autant qu'il est possible, marcher sur les meilleurs chemins, et leur emplacement, dans l'ordre des colonnes, doit être tel, qu'ils ne soient point en prise, et ne retardent pas les mouvemens que les colonnes sont dans le cas de faire, si l'ennemi se présente.

Lorsque les colonnes s'avancent assez à porée de l'ennemi pour avoir à craindre dans leurs cheminemens des détachemens des siens, ou des insultes de ses troupes légères, il est nécessaire qu'elles forment des avant-gardes de troupes légères qui les précedent à une certaine distance, et fouillent le pays à droite et à gauche, pour chasser tout ce qui pourroit nuire; il faut de même qu'elles ayent chacune une arrière-garde, pour veiller aux mouvemens que l'ennemi pourroit faire sur les derrières, et garantir les bagages.

COURS RÉVOLUTIONNAIRE
DE
L'ART MILITAIRE.

NEUVIÈME LEÇON.

Des Positions militaires.

On entend, en général, par position militaire, une partie de terrein susceptible d'être occupée par une armée ou un corps de troupes quelconques, et de donner par sa situation, sa configuration et ses ressources naturelles, des avantages, soit pour ôter à l'ennemi des communications importantes, couvrir une certaine étendue de pays de ses insultes, se défendre contre une force supérieure, se mettre en mesure d'attaquer l'armée ennemie dans sa masse, ses détachemens ou ses convois, et former le siège d'une place, ou simplement la bloquer, afin de lui ôter toute relation avec l'extérieur, et de la réduire peu à peu par la consommation de ses subsistances.

Il y a bien des choses à considérer dans le choix des positions militaires, suivant l'objet à remplir; et dans toutes les circonstances, il faut toujours s'attacher à la nature du terrein sur lequel on veut faire camper les troupes, éviter celui qui est humide et marécageux, voir si l'on a suffisamment d'eau à portée pour les hommes et les chevaux, les moyens de se procurer du bois, et la facilité des chemins pour y arriver et pour en sortir.

Lorsque les marches des armées se font loin de l'ennemi, et que les positions à choisir ne sont que pour des camps de rassemblement ou de repos, les considérations ci-dessus sont à-peu-près suffisantes, il ne s'agit que d'avoir assez d'emplacement pour se développer ou s'établir d'une manière quelconque. Mais on ne veut parler ici que des positions dont le choix entre dans les grandes combinaisons militaires, et en détermine souvent le succès.

Dans un pays de plaine, il est difficile de se procurer de grands avantages dans les positions; on cherche à appuyer ses flancs à des rivières, des marais, des bois, pour éviter qu'ils soient tournés. S'il s'agit de la défensive, on met entre soi et l'ennemi une rivière profonde ou des marais impraticables; et comme ces moyens de sûreté ne se présentent pas toujours, on est obligé de suppléer par l'art aux obstacles que l'on ne trouve pas dans la nature.

On recherche de préférence les hauteurs pour les positions, sur-tout lorsque l'abord en est rapide et difficile, ou qu'elles présentent du côté où l'ennemi peut s'avancer et les attaquer, des escarpemens inaccessibles, et qui exigeroient beaucoup de peine pour les franchir. Celui qui se défend sur une élévation de laquelle il domine son ennemi, a plus d'assurance, en ce qu'il découvre mieux toutes ses démarches, qu'il peut le suivre dans ses mouvemens en se dérobant en grande partie à sa vue, et conserver toute sa force, tandis que celui qui est obligé de gravir pour l'attaquer en perd nécessairement beaucoup.

Avant d'occuper des hauteurs, il faut observer si elles ne sont pas elles-mêmes dominées par des hauteurs trop voisines dont l'ennemi pourroit s'emparer; si l'on peut s'y procurer les choses de première nécessité, telles que l'eau et le bois; si dans la direction du front que l'on est obligé de prendre, on n'expose pas ses flancs à être attaqués et tournés. On doit de même s'assurer des communications en avant ou en arrière, bien connoître toutes les avenues commodes ou praticables à l'ennemi, et faire un dispositif tel que les parties foibles soient bien gardées, et que par-tout on puisse opposer des forces suffisantes.

Quelquefois le corps de l'armée peut être réuni sur une seule position; mais le plus souvent son grand développement l'oblige à se partager et à en occuper plusieurs qui ont chacune différentes propriétés. S'il s'agit d'attaquer ou de défendre, on doit toujours tâcher d'avoir entre les positions séparées des armées, des correspondances sûres, pour qu'en cas de besoin elles soient en mesure de se soutenir l'une et l'autre.

Il peut être très-avantageux de diviser la ligne de bataille quand le pays le permet ou l'exige : cela arrive dans un pays coupé et varié, où les intervalles que les divisions laissent entre elles, ne peuvent pas être pénétrées, et que les flancs ne sont point découverts; par-là on se présente à l'ennemi sur un très-grand front, qui l'oblige à s'étendre aussi peut-être avec moins de sûreté ; on garde une grande étendue de pays, et en cas d'offensive on est plus en disposition d'attaquer par les flancs, de tourner ou de pencher par les parties foibles.

Les positions peuvent être telles, qu'avec peu de monde on tienne tête à des forces très-supérieures, et l'on défende une grande étendue de pays, par exemple ; lorsque l'ennemi, pour y arriver, est réduit à un ou plusieurs défilés ; parce que, dans ce cas, il est toujours possible de lui opposer, à peu de frais, de grands obstacles.

COURS RÉVOLUTIONNAIRE
DE
L'ART MILITAIRE.

DIXIÈME LEÇON.

De la Castramétation.

Après avoir déterminé les positions que doit occuper une armée, relativement aux opérations qu'elle a à faire, il faut connoître la manière de camper qui convient à l'ensemble, et à chaque espèce de troupe en particulier, pour tirer tout le parti possible d'un terrein dont on peut disposer, c'est ce qu'on appelle l'art de la Castramétation.

Ayant fixé l'ordre suivant lequel les troupes doivent être disposées entre elles, selon les circonstances, il est indispensable de fixer aussi celui de l'arrangement des tentes qui servent à loger les troupes, et des objets dépendans des camps, afin de pouvoir calculer l'espace dont on a besoin pour le développement d'une armée, de limiter à chacune de ses parties la portion de terrain qu'elle doit occuper, et d'éviter la confusion.

La règle générale est de donner à l'étendue du camp un front égal à celui qu'occupe dans sa ligne le corps de troupe auquel il est destiné, tel que celui-ci soit le plus possible à portée du terrain sur lequel il doit se mettre en bataille.

On sait qu'un homme à pied serré dans la ligne, tient ordinairement un front de 22 pouces, et que celui d'un cavalier est de 3 pieds, tout compris. D'après cela, connoissant le nombre de corps d'infanterie ou de cavalerie qui composent l'armée, la quantité d'hommes ou de chevaux de chacun d'eux, et sur combien de rangs de hauteur ils sont formés, il est aisé, en ayant égard aux intervalles que l'on juge devoir laisser entre les différens corps, de connoître le développement du camp, de la ligne totale, et de ses parties.

Dans la reconnoissance d'une position que l'on se déterminera à occuper, il faut s'assurer de la quantité de monde que l'on peut y camper, du terrain nécessaire au développement et à la profondeur des camps, et de l'espace que l'on doit avoir en avant pour se mettre en bataille.

On commence par mesurer l'étendue de la ligne sur laquelle on veut se développer, et l'on sait par là combien de corps de troupe on peut y placer, et les intervalles à laisser entr'eux; on mesure de même la largeur, pour pouvoir décider les distances convenables entre les lignes, en ayant égard à la profondeur des camps, et au terrain que l'on aura de libre pour manœuvrer. Ces mesures se prennent ordinairement au pas; quelquefois, lorsque l'on est pressé, on se sert du pas d'un cheval dont l'allure est réglée, et que l'on sait d'avance parcourir une certaine étendue dans un tems donné. Il arrive aussi que l'on est obligé de se contenter du coup-d'œil, et d'estimer à vue la capacité des terrains.

Quand on a réglé par des jalons la direction de la ligne qui doit former ce qu'on appelle la tête du camp, ou *le front de Bandière*, on marque avec des piquets les différentes divisions; celles-ci sont ensuite subdivisées de la même manière que les corps de troupe auxquels elles correspondent, et la distribution des tentes dépend de leur grandeur et de leur forme; on les place en lignes perpendiculaires au front de Bandière, et l'objet principal à remplir, est de laisser aux troupes toute la facilité possible pour sortir du camp et se mettre en bataille.

Le front de Bandière d'un camp n'est pas toujours tracé en ligne droite: souvent la forme variée du terrain oblige de lui donner différentes courbures, et des circonstances particulières peuvent aussi déterminer à suivre différentes directions, afin de faire face par-tout où l'ennemi peut se présenter, ou de flanquer et renforcer des parties foibles.

COURS RÉVOLUTIONNAIRE
DE
L'ART MILITAIRE.

ONZIÈME LEÇON.

Les moyens de se fortifier ont dû être recherchés, du moment où les hommes ont commencé à se battre. Dans le principe ils étoient aussi simples que les armes dont on se servoit ; le casque, la cuirasse, la cote de maille, le bouclier, étoient de grands préservatifs contre l'action des armes de jet et de main, la lance et l'épée, dont les anciens faisoient usage. L'adresse des combattans y ajoutoit encore, et des ruisseaux, des ravins, des fossés ou des palissades, étoient des fortifications formidables contre les attaques que l'on avoit à craindre.

L'art ayant changé et perfectionné les armes, et les ayant rendues plus meurtrières, a demandé de plus grandes précautions pour se garantir de leur effet, et en s'aidant toujours des ressources de la nature, on a cherché à en tirer parti suivant les dangers et les circonstances.

Le moyen le plus simple qui devoit s'offrir d'abord, étoit de chercher à mettre entre soi et son ennemi, dans le moment du combat, quelqu'objet susceptible de résistance, et qui, en permettant de voir et d'agir, cachoit une grande partie du corps. Un tronc d'arbre, un tas de pierres, un buisson épais, une butte de terre, présentoient des ressources précieuses, et l'on a bientôt appris à y suppléer lorsqu'on n'en trouvoit pas.

En creusant un fossé on a formé, avec le déblais, une élévation de terre pour servir d'abri ; on a ensuite réglé la hauteur, l'épaisseur et la figure du relief, selon l'action et la force des armes, et c'est ainsi que la nécessité a fait naître l'art de la fortification.

On entend en général par *retranchement* tous les ouvrages qui se construisent pour fortifier une armée dans ses positions, celles de ses détachemens ou les différens postes qu'elle fait occuper, et qui donnent le moyen de résister, dans tous les cas, à des forces supérieures.

La construction ordinaire des retranchemens consiste en un massif de terre élevé de six, sept et huit pieds, appelé *parapet*, auquel on donne l'épaisseur que l'expérience a fait reconnoître convenable pour résister à l'effet du fusil ordinaire, et plus particulièrement du canon, selon la force de ce dernier, et la distance à laquelle il peut agir. Ce massif met les hommes à l'abri des balles et des boulets ; et pour qu'ils puissent eux-mêmes tirer par dessus le parapet, on y joint un plus petit relief de terre, que l'on nomme *banquette*, qui les élève autant qu'il faut pour voir et se servir de leurs armes.

Les terres nécessaires au parapet et à la banquette se tirent autant qu'il est possible du fossé, qui creusé, en avant, rend l'approche plus difficile. La longueur et la profondeur du fossé dépandent de la quantité de terres dont on a besoin.

On trace les retranchemens en ligne droite, en ligne courbe, ou avec des lignes qui forment entr'elles des angles, selon l'objet qu'ils ont à remplir ; et ils ont différentes dénominations suivant la figure qu'on leur donne.

Le plus simple est le retranchement en ligne droite, appelé communément *épaulement*. On donne quatre pieds de largeur à la banquette, afin de pouvoir y placer les hommes sur deux rangs.

D'après cela, si l'on veut savoir la longueur du parapet qu'il faut construire, pour un certain nombre d'hommes, il ne s'agit que de calculer l'étendue du front, sur lequel ils peuvent se développer, et d'en prendre la moitié. Si avec des hommes on veut encore y mettre du canon, on connoît l'espace qui convient pour l'emplacement et la manœuvre de chaque pièce.

Lorsqu'un petit détachement, porté en avant, est trop éloigné pour être soutenu, et qu'il peut être attaqué de tous côtés on l'enveloppe entièrement par le retranchement; en ne réservant qu'une ouverture suffisante pour entrer et sortir, et que l'on ferme avec une barrière ou avec des chevaux de frise; c'est ce qu'on appelle *redoute*. Elle peut être carré, oblongue ou ronde, selon les différens cas.

Il est à observer que si l'ennemi parvient jusqu'au fossé d'un retranchement d'une seule ligne droite, il n'est plus apperçu des hommes placés derrière le parapet, l'épaisseur de celui-ci le met à l'abri, et il peut trouver le moyen de monter et d'entrer dans l'ouvrage. Pour remédier à cet inconvénient, on brise les lignes de manière à avoir des parties saillantes desquelles on découvre par-tout, et la règle générale du tracé des retranchemens, est de donner aux différentes lignes qui les composent, des grandeurs et des directions telles, que le terrain en avant soit le plus possible couvert de feux croisés de mousquetterie et d'artillerie, et que l'ennemi ne puisse approcher sur aucun point qu'il ne soit vu, tout au moins, à la portée ordinaire des armes à feu.

Les retranchemens des camps se font en lignes continues

ou en ouvrages détachés ; ils ont différentes figures, selon la force et le développement que l'on croit devoir leur donner, et la forme du terrain sur lequel ils doivent être construits.

Les lignes continues sont de quatre espèces ; savoir : les *lignes à redans*, les *lignes à crémaillères*, les *lignes bastionnées* et *lignes à tenailles*. Chacune de ces quatre espèces de lignes a encore ses variations selon les dimentions que l'on donne au tracé.

Les ouvrages détachés dont on compose aussi les retranchemens des camps, peuvent être des redoutes, ou simplement des angles formés par deux lignes droites, que l'on appelle *redans* ; on dispose les uns et les autres sur deux lignes, de manière que les branches des redoutes ou redans de la première offrent par leurs combinaisons des feux croisés en avant, et sont flanquées par les branches des ouvrages semblables qui sont en arrière, sur la seconde ligne.

Le tracé des lignes ou retranchemens est sujet à une infinité de variations, selon les irrégularités des terrains sur lesquels ils doivent être construits. Dans une plaine unie, qui n'est dominée d'aucun point, et où toutes les parties sont également accessibles, la ligne, soit continue, soit composée d'ouvrages détachés, peut avoir une forme régulière sur tout son développement ; mais, dans tout autre cas, il faut se diriger principalement sur les points élevés d'où l'on découvre le mieux les approches, suivre les sommets de pentes par lesquelles l'ennemi peut arriver, et éviter que les angles saillants ne tombent sur des parties basses, et ne laissent voir les hommes qui sont dans les ouvrages.

COURS RÉVOLUTIONNAIRE
DE
L'ART MILITAIRE.

DOUZIÈME LEÇON.

De l'ordre de Bataille.

On a vu qu'avant l'invention de la poudre et la perfection des armes offensives, celles dont on se servoit, n'étant pas susceptibles d'agir de bien loin, les armées en venoient presque toujours aux mains, et que c'étoit dans le choc et la mêlée que l'on décidoit la victoire.

Les ordres de bataille devoient être assujettis au genre de guerre que l'on pouvoit se faire; on rassembloit des masses d'hommes, formées sur beaucoup de profondeur, afin d'opposer plus de résistance au choc, elles étoient soutenues par des accessoires, tels que de la cavalerie, des troupes armées à la légère, des hommes montés sur des chameaux ou portés par des éléphans, et enfin des chars armés.

Les armes à feu ont changé la manière de combattre, la faculté de s'attaquer à de grandes distances, a varié à l'infini la disposition des armées; ce n'est que par la grande connoissance du pays, que l'on peut actuellement déterminer l'ordre de bataille qui convient, et il faut encore avoir égard à celui sur lequel l'ennemi se présente, au développement qu'il peut se donner et à l'espèce de troupe que l'on a.

Les seules règles générales à suivre à cet égard, sont, de savoir employer les différentes troupes suivant les occasions, et sur les terrains qui leur conviennent; de les mettre à même de se soutenir toutes réciproquement, de renforcer les parties qui sont les plus exposées, de se ménager des réserves, soit en cavalerie, soit en infanterie, et de ne pas trop s'étendre par la crainte de se rendre foible par-tout.

L'objet de l'ordre de bataille, est d'organiser une masse mobile, dont chaque partie soit dans le cas de résister par la protection qu'elle reçoit des autres, et dont l'ensemble soit susceptible de diverses impulsions, selon les mouvemens où les tentatives que peut faire l'ennemi, où les intentions que l'on a sur lui.

Dans une plaine rase et sans obstacles, l'ordre de bataille, le plus ordinaire, est de placer l'infanterie au centre, et la cavalerie sur les flancs pour la soutenir; l'armée se forme sur deux lignes égales et parallèles, à 300 pas l'une de l'autre, et l'on a, en outre, en troisième ligne, à 300 pas de la seconde, des réserves d'infanterie et de cavalerie, pour porter secours aux parties qui se trouvent affoiblies dans le combat, ou renforcer celles qui ont des chocs trop violens à soutenir.

Quelquefois on laisse entre les corps qui composent les deux premières lignes, des intervalles égaux à leurs fronts respectifs, et la disposition est telle que les corps particuliers de la seconde ligne, couvrent les vides de la première; quelquefois on laisse entre les corps particuliers, des intervalles moindres que leur front, et il arrive aussi qu'on n'en laisse point du tout. Ces différens systêmes ont leurs défauts et leurs avantages, et ils peuvent être tous les trois applicables et nécessaires selon les circonstances.

Les intervalles égaux à chaque front, donnent plus de développement à l'armée, et laissent à la première ligne plus de facilité pour se retirer en cas de foiblesse à travers les grands passages de la seconde ligne ; mais aussi l'ennemi peut s'insinuer par les intervalles, et prendre en flanc chaque corps en particulier : ces avantages et ces inconvéniens sont moindres dans la seconde disposition ci-dessus, et dans la troisième, les lignes sont dans toute leur force, mais elles ont moins de développement, et il y a plus de difficulté lorsque la première vient faire sa retraite derrière la seconde.

Si l'armée peut appuyer ses flancs à des rivières, des ravins, des marais, ou de manière à ne pouvoir être tournée, n'ayant à craindre que sur son front, elle a moins de précautions à prendre pour son ordre de bataille. Celui-ci change encore lorsqu'un des flancs est bien couvert, parce qu'alors on peut porter plus de force sur celui qui est exposé.

La cavalerie n'est pas toujours seule sur les flancs de l'armée : dans certains cas, on la renforce par de l'infanterie, placée derrière ou dans les intervalles des escadrons ; il arrive même qu'on la met tout-à-fait en arrière et au centre de la ligne, et que c'est de l'infanterie dont on se sert de préférence pour couvrir les flancs ; cela se fait particulièrement lorsqu'un des flancs ou tous les deux se trouvent appuyés à des bois dans lesquels l'ennemi peut introduire des tirailleurs, qui incommoderoient la cavalerie sans qu'elle puisse agir.

Dans le moment de l'action, l'ordre de bataille est sujet à éprouver beaucoup de variations, selon les directions sur lesquelles se font les principaux efforts, en attaquant et en défendant, et selon le plus ou moins de fermeté de certaines parties.

Dans un pays entremêlé de plaines, de montagnes, de rivières, de marais, de bois et de broussailles, l'ordre de bataille est nécessairement indéterminé, et doit subir une infinité de modifications, suivant les positions que l'armée peut occuper, les marches qu'elle prévoit avoir à faire pour attaquer, et les précautions qu'elle a à prendre. Les différentes colonnes dans lesquelles elle se divise, font chacune leurs combinaisons, d'après les localités, en suivant toujours celles de l'ensemble général, mais de manière que chaque arme soit placée où elle peut agir; que la cavalerie soit principalement dans les plaines, et que l'infanterie et les troupes légères à cheval et à pied soient réservées pour les pays plus difficiles.

COURS RÉVOLUTIONNAIRE
DE
L'ART MILITAIRE.

TREIZIÈME LEÇON.

Des combats et des attaques de positions de postes et de retranchemens.

Pour se préparer à combattre, une armée doit d'abord se mettre en défense crainte d'être prévenue, et doit être organisée de manière à ce que celui qui est chargé de la diriger, puisse facilement lui faire faire ses mouvemens, et en régler les dispositions selon le genre d'attaque qu'il veut tenter. Tel est le but qu'on se propose dans l'ordre de bataille primitif; mais lorsqu'il s'agit d'entrer en action on est souvent obligé d'y apporter de grands changemens, et les combinaisons à cet égard dépandent de la situation dans laquelle peut être l'armée ennemie, de l'ordre de bataille qu'elle a elle-même adopté, des obtacles naturels ou factices qui peuvent la couvrir, et du pays sur lequel se livre le combat.

Il faut distinguer les différents cas dans lesquels s'engagent les batailles. 1°. Celui où deux armées marchent l'une contre l'autre avec le dessein de s'attaquer mutuellement. 2°. Celui d'une armée qui attaque seule. 3° Celui d'une armée attaquée.

Les manœuvres de ces armées dépendent 1°. de la contexture du pays où se donne la bataille; 2°. des retranchemens, ou obstacles qui couvrent les armées, 3°. des proportions relatives, où se trouvent les différentes armes qui composent les armées respectives.

Ces divers rapports renferment à peu-près toutes les circonstances de la guerre, en ce qu'elles sont applicables à toutes sortes de pays, et qu'il peut y être question de toute espèce de combats, des attaques de lignes, de camps retranchés, de postes, de maisons et de villages, ainsi que des passages de rivières.

Les armes à feu dont on se sert depuis long-tems permettant aux armées d'agir l'une contre l'autre à de très-grandes distances avec un effet prodigieux, c'est presque toujours avec elles que l'on commence le combat. Ceux-ci peuvent être long-tems prolongés de cette manière, et quelquefois les dispositions de l'artillerie et de la mousqueterie sont telles, qu'en affoiblissant l'une des deux armées par une grande destruction, elles la forcent d'abandonner lapartie ; mais rarement le succès de ce genre sont décisifs, et l'objet important des batailles est toujours de se rapprocher, et d'en venir aux mains ; ce n'est qu'alors que la valeur, l'adresse et le courage se déploient, et détuisent l'ennemi de manière à ne plus craindre son retour.

L'armée qui marche pour attaquer conserve ordinairement son ordre primitif jusqu'au moment où l'on peut appercevoir et juger les points de l'armée ennemie sur lesquels il est plus à propos de se porter ; c'est d'après cel que l'on combine ses forces, que l'on règle son mouvement, et que l'ou se déploie suivant l'ordre le plus convenable.

L'objet principal est de rechercher les parties foibles pour les attaquer : ce sont ordinairement les flancs. Si ceux de l'ennemi sont bien appuyés, et si toute la ligne a la même force, on peut l'attaquer en marchant de front paralellement au sien; c'est ce qu'on appele l'ordre parallele. Il suppose que l'on présente un front au moins égal à celui de l'ennemi, et que l'on ne peut déborder sur ses flancs; quelquefois on attaque en portant un de ses flancs en avant et le renforçant en conséquence, le flanc opposé reste en arrière; cette disposition s'appelle l'ordre oblique, il sert principalement à attaquer un point foible, et il faut le faire avec beaucoup de promptitude; afin que les secours n'ayent pas le temps d'arriver.

On attaque aussi en portant les deux flancs en avant sur ceux de l'ennemi; cet ordre est avantageux, lorsqu'il peut déborder les flancs de l'ennemi, sans trop affoiblir son centre. Enfin, si le centre de l'ennemi paroît foible, on l'attaque dans l'ordre de bataille appellé *coin*, qui consiste à marcher à lui en masse, sous la forme que cette dénomination indique, en présentant la partie aigue de son côté pour le rompre et le diviser.

Les différens ordres pour combattre, sont particulièrement applicables aux pays de plaine, et l'on concoit qu'il peut y en avoir une infinité d'autres susceptibles de bons effets, suivant les circonstances. Les manœuvres de bataille dans les pays coupés et variés sont moins régulières, mais elles sont toujours assujéties aux mêmes principes, qui consistent à ordonner les différentes parties de l'armée, de manière à ce qu'elles se soutiennent réciproquement, à se réserver la faculté de porter sur les points que l'on veut attaquer, des forces toujours supérieures à celles que l'ennemi peut y opposer, et profiter des positions avantageuses pour protéger les attaques.

Un des moyens qui influe le plus sur le gain des batailles est la connoissance exacte des mesures que prend l'ennemi, et des mouvemens qu'il exécute avant et pendant le combat : le grand art est de savoir déterminer ses démarches en l'engageant à des manœuvres qui l'affoiblissent dans les parties où l'on a dessein de l'attaquer,

Rien ne peut convenir mieux pour remplir le premier objet que le moyen imaginé par les Français, et qui vient d'être pratiqué avec tant de succès à Maubeuge, devant Charles-libre, et sur-tout à la mémorable journée de Fleurus, où les républicains surent profiter, avec ce courage que l'amour de la liberté peut seul inspirer, des renseignements donnés par l'aréostat sur les desseins et les mouvements des armées coalisées.

Les manœuvres ci-dessus indiquées appartiennent principalement à l'offensive, elles sont également applicables aux deux armées qui se recherchent pour se combattre, et l'avantage est ordinairement à celle qui la première sait saisir l'occasion, et employer avec promptitude les combinaisons qui conviennent aux circonstances ; la disposition défensive consiste alors, à porter avec célérité des renforts aux points attaqués, à profiter des fautes que l'on apperçoit et à se mettre en garde contre les fausses apparences.

Les attaques de lignes, de camps retranchés et de postes suivent les mêmes règles qui viennent d'être indiquées ; par des mouvemens faits à propos, on attire les forces de l'armée sur des points différens de ceux sur lesquels on veut se diriger ; on dispose des batteries pour démonter celles des ouvrages qui défendent les communications et les approches, et en saisissant les momens de désordre et de foiblesse, on s'empare de vive force des retranchemens en fonçant sur eux avec la baïonnette ou l'arme blanche.

COURS RÉVOLUTIONNAIRE
DE
L'ART MILITAIRE.

QUATORZIÈME LEÇON.

De la Fortification permanente.

Il ne suffit pas, pour la force d'un État, d'avoir une armée nombreuse, bien organisée, disciplinée, et instruite dans les principes de l'art de la guerre. Si les frontières sont entièrement ouvertes et accessibles, leur sureté pourra, dans certaines circonstances, dépendre du sort d'une bataille, et l'État sera exposé à être envahi. Il n'est pas douteux que des barrières formées seulement par des hommes, pouvant être d'un instant à l'autre rompues par les efforts d'un plus grand nombre, les peuples qui n'auroient d'autres moyens de défense que leurs armées, encourreroient les dangers d'être envahis ou conquis ; leur tranquillité seroit continuellement troublée et la stabilité des Etats très-incertaine.

Il a donc fallu recourir à des moyens de résistance plus assurés, qui en augmentant la force des armées, procurassent le double avantage de porter la guerre chez son ennemi, et de l'empêcher de porter ce fléau destructeur dans ses foyers.

Ces moyens, sont les places fortes ou forteresses, dont on entoure un État, de manière à en rendre l'entrée impénétrable ou au moins très-difficile.

L'art de disposer ces places sur les frontières, celui de les construire pour qu'elles aient la plus grande force de résistance possible, celui de les attaquer ou de les défendre, constituent la science de la fortification permanente.

Toutes les parties de l'art de la guerre sont liées. La tactique et la fortification ont des rapports et des rapprochemens multipliés ; et semblablement à ce qui se pratique dans l'ordre de bataille des armées, on dispose aussi les places destinées à couvrir une frontière, sur plusieurs lignes, et le plus ordinairement sur trois.

Les plus petites se placent en avant comme pour avertir de l'approche de l'ennemi, et les plus grandes en-arrière, où elles servent de place d'entrepôts et de magasins, et sont regardées comme les boulevards de l'État.

Leur tracé et leur construction ont éprouvé de grands changemens, les plus considérables ont été amenés par l'invention de la poudre, l'effet des armes à feu et sur-tout de l'artillerie ; après beaucoup d'essais et de variations, la forme bastionnée a résolu le problême de ne laisser aucun point de l'enceinte sans être vu et défendu par les autres parties de cette même enceinte ; aussi a-t-elle été généralement adoptée, et c'est celle que l'on suit aujourd'hui. Le grand art est de savoir bien couvrir cette enceinte, et de dérober au feu de l'ennemi les ouvrages dont on la couvre.

Aux moyens de résistance que fournit la construction des ouvrages de fortification, on a joint celui des mines; c'est un des plus grands moyens de défense, lorsque le terrein permet de s'en servir.

Pour bien disposer tous les ouvrages de fortifications qui entourent les villes de guerre, il est nécessaire de connoître parfaitement les moyens qu'on emploie pour les attaquer et les défendre. Aussi l'attaque et la défense des places, qui est une des opérations les plus importantes de la guerre, fait-elle une partie principale de la science de la fortification permanente.

Cette branche forme un art particulier, qui a ses règles et ses maximes; dont les principales sont :

Quant à la défense : de se munir des approvisionnemens nécessaires, ce qui exige un calcul fait à l'avance, combiné sur la durée probable du siège et la force de la garnison.

D'éclairer la marche de l'assiégeant; d'éloigner ses approches; de lui disputer le terrein pied à pied, de ménager les sorties, en ne les faisant qu'à propos et en force suffisante.

De ne point prodiguer ses provisions, sur-tout dans le commencement du siège; mais de les réserver pour le tems où il faudra opposer la plus grande résistance.

Enfin, de régler le dispositif de la défense, de manière à ne pas trop fatiguer la garnison; à éviter les maladies, et à inspirer, par des mesures bien concertées, la confiance nécessaire à un petit nombre d'hommes pour se défendre contre un plus grand.

Quant à l'attaque : de n'avancer contre la place qu'en se couvrant, ce qui se fait au moyen de tranchées, parallèles, sappes, etc.

De rassembler et de bien placer sur les fronts attaqués, le plus grand nombre possible de bouches à feu, afin d'éteindre celui de l'assiégé, ce qui facilite alors beaucoup les approches.

C'est du tracé, de la prompte exécution de ces tranchées, ainsi que de l'emplacement, de la bonne disposition, du nombre et de la force des batteries, que dépend principalement la réussite des sièges.

COURS RÉVOLUTIONNAIRE
D'ADMINISTRATION MILITAIRE
POUR SERVIR A L'ÉCOLE DE MARS,

En exécution des Décrets de la Convention, et des Arrêtés du Comité de Salut public.

IMPRIMÉ PAR ORDRE DU COMITÉ DE SALUT PUBLIC.

L'OBJET de ce cours est de faire connoître la nature et la quantité de substances employées dans les armées de la République, les moyens de les obtenir, de connoître leur bonté, et de les distribuer.

Les différens métiers qui concourent à fournir aux armées ce qui leur est nécessaire ; le nombre d'hommes employés à ces métiers ;

La quantité de terres cultivées pour produire les matières premières, et le nombre d'individus employés à cette culture.

On parlera :

1°. De la Composition d'une armée de cent mille combattans ; du nombre de fantassins, de cavaliers, d'artilleurs ; du nombre d'employés à la suite des armées, dans les subsistances, les hôpitaux, les charrois, etc. du nombre de chevaux qui y sont nécessaires.

2°. Des subsistances consommées par cette armée, en pain, viande, vin, eau-de-vie, vinaigre, fourrages ;

De la quantité de chacune de ces subsistances, consommée par jour, par année ; de leur poids, leur volume ; de leur nombre.

3°. De l'habillement des troupes, de l'usé de cet habillement, des causes de l'usé, des moyens d'y remédier ;

De la quantité de draps, cadis, tricots, flanelles, toiles, boutons, qui entre dans cet habillement ;

De la quantité de laine, de chanvre, qu'il faut pour obtenir ces habillemens.

4°. De l'équipement des troupes ; de la quantité de toiles, laines, cuirs, nécessaire pour fabriquer les chapeaux, casques, bas, souliers, bottes, chemises, ceinturons, gibernes, consommés par les armées.

5°. De l'armement, des fusils, mousquetons, pistolets, pierres à fusil, sabres, piques, nécessaires aux armées ;

Du fer, de l'acier, du cuivre, employés dans leur fabrication.

6°. Des effets de campemens des armées ; des tentes, couvertures ; des marmites ; des gamelles, bidons et outils de toutes espèces ;

De la quantité du chanvre, laine, cuirs, fer, acier, étain, nécessaire pour cette fabrication.

7°. De l'artillerie ; de la quantité de canons, de mortiers, d'obusiers, pierriers ; de poudre, de plomb, de boulets, de bombes, obus, de balles, de fer battu, des affûts, des caissons, des chariots, de pontons, de forges de campagne ;

De la quantité de cuivre, étain, fonte de fer, fer, acier, &c. employée à leur construction.

8o. Des hôpitaux ; de la proportion des malades ; de la forme des hôpitaux ; du traitement des malades ;

De la quantité des lits, paillasses, matelats, chemises et effets accessoires ;

Des médicamens ;

De la quantité de laine, chanvre, fer, cuivre, étain, employée à la confection de ces effets ;

Des officiers de santé actuels ; des connoissances, et des qualités qu'ils doivent avoir ;

9o. Des convois et transports militaires ;

De la quantité de charriots, caissons, voitures, forges de campagne, employée ;

Des fers et des cloux pour les chevaux ;

Des Harnois ;

De l'habillement des conducteurs ;

De la quantité de fer, de toile, de bourre, de peaux de cheval, vache, veau et mouton, consommée pour construire et entretenir les voitures et les équipages.

10°. Du payement des troupes ; de la solde affectée aux différens grades ;

De la paye des hôpitaux ;

Des appointemens des différens employés dans les armées ;

Des sommes envoyées aux armées pour les soldes et appointemens.

11°. Récapitulation générale de toutes les matières premières consommées par an dans les armées,

En grains, viande, vin, eau-de-vie, vinaigre, fourrages, laine, bourre, cuirs, peaux, chanvre, fer, acier, cuivre, étain, plomb poudre, salpêtre, soufre, etc.

Des quantités de terres nécessaires pour obtenir tous ces produits;

De la quantité d'hommes, de chevaux employés pour les obtenir;

De la répartition par départemens, districts, communes.

12°. De l'agriculture; ce que c'est; théorie générale de la nutrition des végétaux, de la nourriture des animaux.

Exposé de l'agriculture actuelle de la République; de ses produits; perfection où elle peut être amenée; changemens nécessaires pour y arriver;

Des engrais; moyen d'en obtenir.

13°. De la nourriture des citoyens français;

De l'action de la nutrition des hommes; de la digestion;

Exposé de la nourriture des français avant la révolution, du changement de l'amélioration que la révolution a produit; des causes de ce changement; de la différence que ce changement doit produire dans l'agriculture.

De la division des Français en classes de travail avant la révolution; de la division que la révolution doit amener.

De la dépendance où les Français étoient de l'étranger, pour un grand nombre d'objets; des moyens de sortir de cette dépendance, et de rendre les autres nations de la terre tributaires de notre industrie.

14°. De la fabrication des toiles, des étoffes, des tissus, des tricots, de feutres;

De l'état où sont ces fabrications; de l'amélioration qu'elles peuvent espérer; de l'instruction publique, si elle est bien dirigée.

15°. De la fabrication des cuirs;

De l'état actuel des tanneries, corroyeries, hongroiries;

Des Découvertes que l'on a faites sur ces arts; du perfectionnement où ils peuvent arriver, d'après ces découvertes;

Des tentatives qui ont déja été faites, et des succès qu'elles ont obtenus.

16°. De l'habillement.

Exposé de l'habillement des anciens; des habits primitifs ou originaires.

De l'habillement des Français;

Comment on est parvenu à l'habillement actuel;

De l'habillement du soldat;

Des conditions que l'habillement du soldat exige pour être commode et sain.

17°. De la fabrication du fer, de l'acier, du cuivre, de l'étain, du plomb;

Des minéraux qu'on emploie pour obtenir ces métaux; des lieux où ils se trouvent; des moyens de les reconnoître.

De l'essai des minéraux, de leur fonte, de leur réduction.

18°. De la fabrication des sabres, des fusils, des canons, de obusiers, des mortiers, des boulets, des obus, des bombes, de balles de fer battu, des balles de plomb;

Des ateliers où se fabriquoient ces armes avant la révolution; de leur accroissement; des moyens révolutionnaires employés pour les augmenter; du succès qu'ils ont obtenu.

19°. De la fabrication du salpêtre, de la poudre;

De l'état de ces fabrications avant la révolution; des progrès qu'elles ont faits avec la révolution; de l'effet des mouvemens révolutionnaires.

20°. Des commissions exécutives qui ont des rapports avec les armées.

De la commission des mouvemens des armées de terre;

De la commission des armes et poudres;

De la commission de commerce et approvisionnement;

De la commission de santé;

De la commission des travaux publics;

De la commission des transports;

De la commission de la trésorerie nationale;

Des rapports, des relations de ces commissions avec les armées; des détails dont elles sont chargées.

21°. Des magasins à la suite ou à la proximité des armées,

Pour les grains, farines, pain;

Le vin, eau-de-vie, vinaigre;

Fourrages;

Habillement, équipement et armement;

Hôpitaux;

De la position des magasins, par rapport aux armées, à leur situation et à leur action;

Du mouvement des magasins, en raison de ceux des armées dont ils dépendent.

22°. Des commissaires des guerres; de leurs services dans les armées; de leur surveillance; de leur responsabilité; des connoissances qu'ils doivent avoir.

23°. Des conseils d'administration des bataillons; des régimens de cavalerie;

Des quartiers-maîtres;

Des fourriers;

Des sergens ou maréchaux-des-logis;

Des caporaux ou brigadiers;

Des fonctions administratives dont ils sont chargés; de leur responsabilité; des connoissances d'administration qu'ils doivent avoir.

COMPOSITION DES ARMÉES.

On distingue dans une armée trois sortes d'armes :

INFANTERIE, CAVALERIE, ARTILLERIE.

La proportion de la cavalerie à l'infanterie varie dans chaque armée, en raison du pays où l'on fait la guerre.

Dans les pays de montagnes, la cavalerie forme ordinairement le dixième de l'infanterie ; dans les pays de plaines, la cavalerie peut être portée jusqu'au tiers de l'infanterie.

Ainsi la proportion moyenne de la cavalerie à l'infanterie paroît devoir être d'un peu plus d'un cinquième.

L'artillerie peut être divisée en deux parties ; artillerie de bataillon, et artillerie de siége.

L'artillerie de bataillon est composée des pièces attachées à chaque bataillon, et de la réserve qui doit fournir aux accidens. Le nombre de celles-ci est proportionné à celui des bataillons.

L'artillerie de siége est composée des pièces destinées à faire le siége des places ; celle-ci varie en raison des pays où l'on fait la guerre, et de la force des places qu'il y a à assiéger.

Indépendamment des hommes et chevaux nécessaires pour completter les divers corps de combattans, tant de cavalerie que d'infanterie et d'artillerie, il en faut encore un grand nombre pour l'administration de l'armée, l'état-major, les hôpitaux, les charrois militaires.

Comme la proportion de l'infanterie, de la cavalerie et de l'artillerie varie en raison du pays, et qu'il faut cependant en présenter une, afin d'établir les calculs de consommation d'après une base fixe, on va présenter la composition d'une armée dans une proportion moyenne de trois armes, c'est-à-dire, telle que la donneroit l'ensemble des armées de la République, répandues sur les frontières, ainsi on la supposera composée de

	Hommes.	Chevaux.
Infanterie	81,804	"
Cavalerie.	18,400	19,200
Artillerie.	4,800	676
En tout.	105,004	19,876

L'état-major des différens corps, d'après le décret du

Infanterie	814	374
Cavalerie.	270	340
Artillerie.	36	27
État-major général	158	531
Commissaires des guerres . . .	20	30
En tout.	1,298	1,302

Les employés à la suite des armées, dans les différentes administrations, doivent être d'après cette composition.

Pour le service des vivres	Pain	609	20
	Viande	223	30
	Vin, vinaigre, eau, de-vie.	70	10
	Fourages	100	20
Pour les effets d'habillement et de campement. .		43	10
Pour les hôpitaux		2,834	"
Pour les transports.		14,532	32,495
Supplément pour les charrois		54	216
Force publique.		60	63
En tout pour la suite de l'armée . . .		18,525	32,864

Ainsi, une armée de 105,004 combattans est composée de

	Hommes.	Chevaux.
Combattans.	105,004	19,876
État-major.	1,298	1,302
Employés à la suite	18,525	32,864
Total	124,827	54,042

D'où il suit que dans une armée les proportions sont :

L'état-major $\frac{1}{80}$ des combattans;

Les employés à la suite, entre $\frac{1}{5}$ et $\frac{1}{6}$ des combattans;

Le nombre des chevaux un peu plus que la moitié de celui des combattans.

ADMINISTRATION MILITAIRE.

CHAPITRE II.

DES SUBSISTANCES.

PAIN.

On distribue le pain en nature aux troupes qui combattent, aux charretiers et autres employés aux transports, aux employés à l'administration militaire, et aux officiers de l'état-major.

La ration est d'une livre douze onces, ou vingt-huit onces de pain.

Les soldats reçoivent une ration de pain.

Les employés aux transports, qui ne reçoivent pas de viande, ont une ration et demie de pain.

Les officiers reçoivent 1, 2, 3, 4, &c., rations, en raison de leur grade, à cause de l'obligation qu'ils ont d'avoir des colaborateurs, ce nombre est déterminé par un tarif.

D'après la composition présentée, chapitre premier, une armée de 105,000 combattans est composée de 124,827 individus ayant droit à recevoir des rations de pain,

Et le nombre de rations, d'après le tarif, s'élève à 143,315; ce qui fait environ un tiers en sus du nombre des combattans.

Un sac de farine de 200 livres, donne 270 livres de pain, ou 154 rations; on n'en retire cependant que 150 à 152.

Ainsi, un sac de farine doit nourrir un homme pendant cinq mois, en y comprenant les Sans-culotides, et cinq hommes pendant un mois; deux sacs et deux cinquièmes de farine, un homme pendant une année, et une armée de 105,000 combattans consomme 343,956 sacs de farine.

Cent livres de grains produisent 85 livres de farine.

Un sac de grains pèse 200 livres, ainsi 85 sacs de farine sont produits par 100 sacs de grains; et comme il faut 343,956 sacs de farine pour nourrir une armée de 105,000 combattans, il faut 404,712 sacs de froment, ou 809,424 quintaux.

VIANDE.

On ne distribue de viande, dans les armées, qu'aux soldats ou aux états-majors.

Une armée de 105,000 combattans, a 1,258 membres de l'état-major.

Elle reçoit 107,600 rations de viande.

La ration de viande est d'une demi-livre par jour.

Les bœufs sont estimés produire 500 livres de viande l'un dans l'autre; ainsi, un bœuf nourrit 1000 hommes par jour. Donc une armée de 105,000 combattans consomme 107 bœufs et demi par jour, et par an, 39,237 bœufs; ce qui fait un peu plus d'un tiers de bœuf par homme par an, et un peu plus d'un bœuf pour nourrir trois hommes par an.

On ne compte point dans la consommation du pain et de la viande des armées, ce qui est destiné aux hôpitaux, parce que celui qui consomme à l'hôpital ne consomme pas à son corps, et que la différence de consommation ne peut pas suppléer à quelques-unes des pertes que les grains et les farines éprouvent.

BOISSONS.

On est dans l'usage de ne donner aux troupes que de l'eau-de-vie et du vinaigre.

On distribue à chaque soldat { $\frac{1}{16}$ de pinte eau-de-vie. / $\frac{1}{16}$ de pinte de vinaigre. }

En supposant que quatre pièces de vin font une pièce d'eau-de-vie, et qu'une pièce de vinaigre soit faite par une pièce de vin, la consommation par année est de

Pour les combattans, 18,909. } En tout 42,109 muids de vin.
Et pour les hôpitaux 23,200. }

Ce qui fait plus d'un tiers de muid par combattant.

FOURRAGES.

Le tableau de la composition porte à 54,000 le nombre de chevaux nécessaires à une armée de 105,000 combattans.

Ajoutant à ce nombre le neuvième en sus pour les chevaux morts ou tués, c'est 60,000 chevaux.

La ration de fourrage est de 15 livres de foin, ½ boisseau d'avoine pour les chevaux de cavalerie.

18 livres foin, ⅔ boisseau d'avoine, pour les chevaux de transport; ce qui établit la consommation par an

à 3,679,200 quintaux de foin.
13,140,000 boisseaux d'avoine.

En ajoutant au foin 98,185 quintaux pour la nourriture des bœufs qui sont au camp, en supposant que chaque bœuf mangeât 25 livres de foin par jour, et qu'il y a toujours des provisions de bœufs pour dix jours à la suite des armées, on aura la quantité de 3,777,385 quintaux de foin.

La proportion de la nourriture, pour les chevaux, est

de 61 quintaux ⅓ de foin, par an.
219 boisseaux d'avoine, par an.

Et pour les bœufs 91 quintaux ¼ de foin, par an.

On donne en outre cinq livres de paille par jour aux chevaux; ce qui fait 1,095,000 quintaux par an; et par chaque cheval, 18 quintaux ¼.

On donne une livre de paille fraîche par jour à chaque soldat pour son coucher; ce qui fait une botte par décade; et pour l'armée 451,250 quintaux, par an.

Ainsi, la consommation de la paille est de 1,546,250 quintaux, ou de 15,462,500 bottes, de 10 livres chaque.

DE L'HABILLEMENT.

La République fournit l'habillement en nature aux soldats, cavaliers, dragons, chasseurs, hussards, artilleurs, caporaux, brigadiers, sergens et maréchaux-de-logis.

L'habillement est différent en raison de la nature de l'arme.

L'infanterie et l'artillerie ont des habits, vestes, culottes et bonnets de police.

La cavalerie et les dragons ont des manteaux, habits, surtouts, vestes, gilets, culottes de peau, bonnets de police.

Les chasseurs ont des manteaux, dolman, surtouts, gilets, culottes longues, bonnets de police.

Les hussards ont des manteaux, pelisses, dolman, surtouts, gilets, culottes longues, schabraques, bonnets de police.

L'habit, la veste, la culotte, le bonnet de fantassin emploient :

		Aulnes.
Draps	bleu national	$1 \frac{1}{2}$
	blanc	$1 \frac{3}{4}$
	écarlatte	$\frac{5}{24}$
	tricot blanc	$1 \frac{1}{18}$
	cadis blanc	$4 \frac{7}{8}$
	toile $\frac{7}{8}$	2
	gros boutons	11
	petits boutons	3 douzaines 4

L'habit, la veste, la culotte, le bonnet de police de soldat d'artillerie emploient :

		Aulnes.
Drap.	bleu national	$2 \frac{10}{11}$
	écarlate	$\frac{225}{704}$
	tricot bleu	$1 \frac{3}{16}$
Cadis.	écarlate	$3 \frac{1}{2}$
	bleu	$2 \frac{1}{2}$
	toile $\frac{7}{8}$	$1 \frac{9}{22}$
	gros boutons	11
	petits boutons	3 douzaines 4

Le manteau, l'habit, le surtout, la veste, le gilet, la culotte de peau, le bonnet de police de cavalier et de dragon, emploient :

Drap	bleu ou vert	3 aulnes	$\frac{1}{3}$
	écarlatte		$\frac{3}{16}$
	blanc	1	
	blanc piqué de bleu	4	
Tricot	bleu ou vert	1	$\frac{3}{4}$
	cramoisi ou écarlatte		$\frac{7}{64}$
Cadis	cramoisi ou écarlatte	4	
	bleu	4	$\frac{1}{4}$
	Peaux de mouton	2	
	Toile $\frac{7}{8}$	2	$\frac{13}{24}$
	Gros boutons	1 douzaine	7
	Petits boutons	4	8

L'habillement de dragon emploie

Drap blanc piqué de bleu	$\frac{1}{3}$ de plus.
Tricot blanc	$\frac{1}{6}$ de moins.

Les manteaux, dolman, surtouts, gilets, culottes, bonnets de police de chasseurs, employent :

		Aulnes.	
Drap	vert naturel	4	$\frac{9}{24}$
	blanc		$\frac{11}{12}$
	vert teint	3	$\frac{1}{4}$
Tricot	vert	1	$\frac{3}{4}$
	écarlatte	1	$\frac{3}{4}$
	Cadis blanc	6	$\frac{11}{12}$
	Toile $\frac{7}{8}$	3	$\frac{1}{12}$
	Gros boutons	1 douzaine.	
	Petits boutons	8	8

Les manteaux, pelisses, dolman, surtouts, gilets, culottes longues, schabraques, bonnets de police des hussards, employent :

		Aulnes.	
Drap	bleu céleste foncé	5	$\frac{1}{2}$
	rouge		$\frac{1}{4}$
	vert teint	3	$\frac{1}{4}$
Tricot	bleu céleste	1	$\frac{3}{4}$
	rouge		$\frac{7}{64}$
	Flanelle blanche	2	$\frac{1}{2}$
	Cadis blanc	4	$\frac{1}{4}$
	Toile $\frac{7}{8}$	3	$\frac{19}{48}$

Gros boutons. . . . . 4[de.] 6
Moyens boutons. 4 6
Petits boutons. 5 8

La durée de l'habillement est

ESPÈCE D'HABILLEMENT.	DURÉE		
	EN TEMPS DE PAIX.	EN TEMPS DE GUERRE	
		ORDINAIRE.	ACTUELLE.
Habits d'infanterie	3 ans	1 an	6 mois.
Habits de cavalerie	3 ans	18 mois	9 mois.
Manteau	12 ans	6 ans	4 ans.
Dolman	6 ans	3 ans	18 mois.
Surtout	3 ans	18 mois	9 mois.
Pelisse	6 ans	3 ans	18 mois.
Veste	3 ans	18 mois	9 mois.
Gilet ordinaire	6 ans	2 ans	1 an.
Gilet d'écurie	4 ans	2 ans	1 an.
Culottes ordinaire	1 an	4 mois	2 mois.
Culottes de peau	3 ans	2 ans	1 an.
Culottes longue	2 ans	1 an	6 mois.
Bonnet de police	4 ans	2 ans	1 an.

Cette différence dans la durée et conséquemment dans la plus grande consommation, du temps de paix au temps de guerre, vient de ce qu'à la paix le soldat a peu de travail, et qu'il fatigue et marche beaucoup à la guerre.

La différence de consommation de la durée dans la guerre ordinaire et dans la guerre actuelle, provient du peu d'ordre dans les distributions, et de la confusion qui existe dans toutes les parties des administrations aux armées, et du défaut de discipline conservatrice.

On fournit l'habillement dans une armée de 105,020 combattans à

79254 fantassins.
7350 artilleurs et mineurs.
6400 cavaliers.
4800 dragons.
4800 chasseurs à cheval.
2400 hussards.

Les quantités d'étoffes, toiles, boutons, employés dans une armée pour tous ces habillemens, sont, en

Drap	641,889	aulnes.
Cadis	967,426	
Flanelle	6,000	
Tricot.	624,394	
Peau de mouton .	22,400	
Toile	711,020	
Gros boutons . . .	189,436	douzaines.
Moyens boutons . .	10,800	
Petits boutons . . .	853,173	

La quantité de substance première pour fabriquer ces objets, est,

Laine.	1,991,470	liv.
Chanvre.	664,606	liv.
Peau de mouton .	22,400	liv.
Cuivre jaune. . . .	95,789	liv.

Un décret du 2 thermidor de cette année, supprime les retenues de toute espèce faites aux troupes de la République, pour fourniture en tout genre, et détermine que toutes les fournitures d'habillement, équipement, armement, etc. seront données en nature par la République; qu'il n'y aura pour chaque arme et pour chaque grade qu'une solde unique et uniforme.

Cette loi détruira un grand nombre d'abus.

Un autre décret du 3 fructidor détermine que les habits, vestes, chapeaux, bonnets de police, des fusiliers et grenadiers dureront 18 mois, les culottes 6 mois, les casques 24 mois.

Les habits et vestes des artilleurs 15 mois, les culottes 6 mois, les chapeaux et bonnets de police 18 mois.

Les habits et vestes pour les dragons dureront 30 mois, les culottes de peau 8 mois, les manteaux 6 ans, les surtouts 24 mois, les gilets d'écurie 30 mois, les chapeaux, bonnets de police 18 mois, les casques 6 ans.

Si ce décret est exécuté, il y aura dans les effets d'habillement une économie de près de moitié.

DE L'ÉQUIPEMENT.

On entend par équipement des troupes, les chemises, bas, souliers, bottes, guêtres, chapeaux, casques, havresacs, porte-manteaux, sacs de distribution, gibernes, bretelles de fusil, ceinturons, selles, housses, couvertures, et schabraques.

Les soldats se fournissoient eux-mêmes de ces objets lorsqu'ils en avoient la faculté, ou ils les tiroient des magasins de la république, et ils les payoient par le moyen d'une retenue faite sur leur solde.

En tems de paix, cette retenue pouvoit s'effectuer à cause du peu de consommation des troupes; mais en tems de guerre, et sur-tout dans la guerre actuelle, elle devenoit impossible.

Le décret de la Convention, du 2 thermidor, qui supprime toutes les masses et les retenues, a déterminé enfin que ces fournitures seront faites en nature, des magasins de la République.

Elles sont pour l'infanterie de

3 chemises.
2 paires de bas.
2 paires de souliers.
1 paire de guêtres d'étoffe.
1 paire de guêtres de toile.
1 casque.
1 havresac.
1 sac de distribution.
1 giberne et porte-giberne.
1 bretelle de fusil.
1 ceinturon.

L'équipement de l'artilleur consiste en

3 chemises.
2 paires de bas.
2 paires de souliers.
1 paire de guêtres d'étoffe.
1 paire de guêtres de toile.
1 chapeau.
1 sac à distribution.
1 havresac.
1 ceinturon.

L'équipement d'un cavalier est composé de

3 chemises.
2 paires de bas.
1 paire de souliers.
1 paire de bottes.
1 paire de guêtres d'étoffe.

1 chapeau.
1 sac à distribution.
1 porte-manteau.
1 giberne et porte-giberne.
1 ceinturon.
1 selle.
1 housse.
1 couverture de laine.

L'équipement d'un dragon, chasseur à cheval, et hussard est composé de

3 chemises.
2 paires de bas.
1 paire de souliers.
1 paire de bottes.
1 paire de guêtres d'étoffe.
1 sac à distribution.
1 porte-manteau:
1 giberne et porte-giberne.
1 ceinturon.
1 selle.
1 housse.
1 couverture de laine.
1 schabraque.

L'équipement d'un soldat d'infanterie consomme :

	Laine	1 livre.		
	Etoffe		$\frac{17}{20}$	d'aune.
Peaux	de buffle		$\frac{31}{200}$	
	de bœuf		$\frac{1}{24}$	
	de vache		$\frac{7}{50}$	
	de veau	1	$\frac{1}{13}$	
Toile	$\frac{2}{3}$ et $\frac{3}{4}$	9 aunes	$\frac{5}{8}$	
	$\frac{5}{8}$	2	$\frac{1}{2}$	

L'équipement d'un canonnier consomme :

	Laine	1 livre.		
	Etoffe		$\frac{17}{20}$	d'aune.
Peaux	de buffle		$\frac{17}{200}$	de peaux.
	de bœuf		$\frac{1}{24}$	
	de vache		$\frac{1}{25}$	
	de veau	1	$\frac{1}{3}$	
Toile	$\frac{2}{3}$ et $\frac{3}{4}$	9	$\frac{5}{8}$	
	$\frac{2}{3}$	2	$\frac{1}{2}$	

L'équipement d'un cavalier consomme :

Laine	4 livres	$\frac{1}{2}$
Drap	1 aulne	$\frac{1}{2}$
Etoffe		$\frac{17}{20}$
Bourre	3 livres.	

Peaux . . . . .
- de cheval . . . . $\frac{23}{100}$ de peaux.
- de buffle . . . . $\frac{25}{100}$
- de bœuf . . . . $\frac{37}{48}$
- de vache . . . . $\frac{57}{100}$
- de veau . . . . 1 $\frac{1}{40}$

Toile . . . .
- $\frac{2}{3}$ et $\frac{3}{4}$ . . . . 10 aunes $\frac{3}{4}$
- $\frac{5}{8}$ . . . . 2 aunes $\frac{1}{2}$

L'équipement d'un dragon, chasseur, hussard, consomme :

- Laine . . . . 4 livres $\frac{1}{2}$
- Drap . . . . 1 aulne $\frac{3}{4}$
- Étoffe . . . . $\frac{17}{20}$ d'aulne,
- Bourre. . . . . 3 livres.

Peaux de. . . . .
- Cheval . . . . $\frac{34}{100}$
- Buffle . . . . $\frac{25}{100}$
- Bœuf. . . . . $\frac{11}{12}$
- Vache . . . . $\frac{57}{100}$ de peaux.
- Veaux . . . . 1 liv. $\frac{12}{75}$
- Mouton. 2

Toile. . . . . .
- $\frac{2}{3}$ et $\frac{3}{4}$ . . . . 11 aun. $\frac{3}{4}$
- $\frac{5}{8}$ . . . . 2 aun. $\frac{1}{2}$

Le nombre des soldats d'infanterie, artillerie, cavaliers, dragons, chasseurs à cheval et hussards à qui la république fournit les effets d'équipemens, est le même que celui à qui elle fournit l'habillement.

L'usé moyen dans la guerre actuelle est pour l'infanterie et l'artillerie :

- Chemises . . . . 4 par an.

Paire de. . . . .
- Souliers. 8
- Bas 8
- Guetres . . . . D'Étoffe 2
- Guetres . . . . En toile. . . . 3

- Sacs de distribution. 2

Les autres effets durent un an et plus.

L'usé moyen, dans la guerre actuelle, est pour les cavaliers, dragons, chasseurs à cheval, hussards :

- Chemises. . . . . 4 par an.

Paires
- de bas. 8
- de guêtres d'étoffe. 2

- Sacs de distribution 2

La quantité d'étoffe et de matière, consommée par an, en

effets d'équipement, pour une armée de 105,000 combattans, est :

	Laine	252,408	liv.
	Drap	23,400	aunes.
	Étoffe	178,504	aunes.
	Bourre	33,600	liv.
Peaux	de cheval	12,442	
	de buffle	15,909	
	de bœuf	19,267	
	de vache	24,399	
	de veau	173,583	
	de mouton	44,000	
Toile	$\frac{2}{3}$	2,116,725	aunes.
	$\frac{5}{8}$	552,825	
	$\frac{3}{4}$	41,700	

La quantité de substances premières est :

Laine	445,892	livres.
Bourre	33,600	

Peaux comme ci-dessus.

Chanvre	2,311 239

Le décret du 3 fructidor établit la durée des effets d'équipement :

	Chemise	6	mois.
	Bas	6	
Souliers	d'infanterie	4	
	de cavalerie	8	
	de cavalerie légère	12	
Guêtres	de toile	12	
	d'étoffe	12	

Ce qui fait par an :

	Chemises		2
Paires	de bas		2
	de souliers	d'infanterie	3
		de cavalerie	1
		de cavalerie légère	1
	de guêtres	de toile	1
		d'étoffes	1

Si ce décret est exécuté, il y aura une économie considérable dans les effets d'équipement.

DE L'ARMEMENT.

On donne à chaque

Fantassin.	un fusil, une baïonnette.
Caporal.	un fusil, une baïonnette, un sabre.
Sergent.	un sabre.
Canonnier	un sabre.
Cavalier	un sabre, un pistolet.
Dragon.	un sabre, un pistolet.
Chasseur.	un sabre, un pistolet, un mousqueton.
Hussard	un sabre, un pistolet, un mousqueton.

Ainsi il faut d'après la composition d'une armée de 105,000 combattans ;

CHAPITRE PREMIER.

78336 fusils avec leurs baïonnettes.
7200 mousquetons ou carabines.
18400 pistolets.
8874 sabres d'infanterie.
7350 sabres de canonniers.
6400 sabres de cavalerie.
4800 sabres de dragons.
4800 sabres de chasseurs à cheval.
2400 sabres de hussards.

On employe pour fabriquer

		FER.			ACIER.		CUIVRE JAUNE.		
Un	Fusil. . . .	16 £ ½	″	″	3 £	14 on.			
	Mousqueton.	15	″	″	1	14			
	Pistolet. . .	6	″	″	″	9			
Un sabre de	Cavalier. . .	″	7	″	1	14	1 £	8 on.	4 gr.
	Dragon. . .	″	7	″	1	14	1	9	″
	Chasseur. .	″	7	″	1	12	2	″	″
	Hussard. . .	″	5	½	1	9	2	8	″
	Canonnier. .	″	6	″	1	5	1	2	″
	Fantassin. .	″	5	″	1	4	1	2	″

Il faut pour construire ces fusils et ces sabres,

1,524,054 £ de fer.
381,187 d'acier.
51,152 de cuivre jaune.

DES EFFETS DE CAMPEMENT.

On appelle effets de campement tous ceux qui sont destinés au logement, à la nourriture et au travail des soldats.

Ils sont composés de tentes, manteaux d'armes, couvertures, marmites, bidons, gamelles, barils, outils, cordeaux, piquets, capotes.

Le nombre est :

Tentes	d'officiers	3,451.
	à toutes armes	11,911.
Manteaux d'armes	compagnies	1,599.
	piquets	107.
	Couvertures de laine	35,540.
	Marmites	20,079.
	Sacs à marmites	20,079.
	Grands bidons	16,587.
	Petits bidons	103,129.
	Gamelles	20,079.
	Pelles, pioches, haches, serpes	21,079 de chaque
	Faulx avec étui	2,529.
	Barils à l'eau	3,978.
	Troussières	35,859.
	Piquets de chevaux	17,928.
	Cordes à piquets	468.
	Cordeaux de pont à tracer le camp	224.
	Cordeaux de profondeur	1,405.
	Capotes de sentinelle	1,075.

La quantité de matières, employée à la construction de tous ces effets, est :

Toile	grise de $\frac{3}{4}$	339,463 aunes.
	bleue de $\frac{3}{4}$	28,719
	A de $\frac{5}{8}$	75,515
	grise de $\frac{4}{4}$	10,039
	Sangles	675,352
	Agraffes en fer	4,796 livres.

Cordes	grosses	2,233,712	pieds.
	petites	39,413	
	Coutil de $\frac{5}{4}$	72,615	aunes.
	Tresses	8,032	
	Laine	231,016	livres.
	Drap	3,359	aunes.
	Fer-blanc	143,500	feuilles.
	Tôle	180,711	livres.
	Fer	171,356	
	Acier	57,118	
	Etain	30,118	

La quantité de matières premières, employée pour obtenir ces objets, est :

Laine	231,016	livres.
Chanvre	2,595,642	
Fer-blanc	143,500	feuilles.
Fer	358,863	livres.
Acier	57,118	
Etain	30,118	

Quoique tous ces effets de campement soient d'une nécessité absolue dans les armées, nous devons dire, à la louange des républicains français, que le plus grand nombre d'entr'eux se passe de tentes, et couche au bivouac.

C'est particulièrement dans cette campagne que les troupes de la république ont fait peu d'usage de leurs tentes, obligées de poursuivre l'ennemi qui fuyoit devant elles, cette partie de leur bagage, du poids de 3,016,257 livres, qui oblige d'employer au moins mille voitures pour les transporter, n'étant qu'un embarras qui entravoit leur marche, les républicains les ont laissées pour atteindre plus sûrement l'ennemi, et n'ont emporté avec eux que les effets nécessaires à leur nourriture et à leur travail.

ADMINISTRATION MILITAIRE.

CHAPITRE VII.

DE L'ARTILLERIE.

IL y a, à la suite d'une armée, deux sortes d'artillerie : artillerie de campagne, et artillerie de siège.

L'artillerie de campagne, d'une armée de 105,000 hommes, ainsi qu'on l'a composée, chapitre premier, est formée de :

CALIBRES.	CANONS.	AFFUTS.
de 4.	192.	212.
de 8.	60.	67.
de 12.	42.	47.
de 16.	20.	25.
Obusiers de 6 pouces.	30.	35.

L'artillerie de siège de cette armée, d'après la même composition, est de :

CALIBRES.	CANONS.	AFFUTS.
de 24.	68.	82.
de 16.	32.	43.
Obusiers de 8 pouces.	24.	32.
Mortiers de 10 pouces.	24.	27.
Pierriers.	12.	14.

Le poids de ces pièces, est :

Canons de.	4.	600 £.
	8.	1,200
	12.	1,800
	16.	4,300
	24.	5,700
Obusiers de	6 pouces	500
	8.	1,500
	Mortiers de 10 pouces	2,106
	Pierriers	1,000

Le nombre d'équipages correspondans à ces deux artilleries, est :

	Caissons.	823.
Charriots	ordinaires.	116.
	à canons	110.
	à munitions.	531.
	Charrettes	200.
	Camions	92.
Voitures.	à pontons.	69.
	pour les bateaux.	301.

Trique-bales	4.
Forges de campagnes	34.
Pontons	40.

Pour traîner les pièces d'artillerie, et les équipages qui les accompagnent, il faut 2884 attelages ; chaque attelage est formé de :

Peaux de	cheval	$\frac{79}{1000}$
	vache	$\frac{239}{1000}$
	veau	1 $\frac{1}{2}$
	mouton	5
Bourre		16
Toile		6 aunes $\frac{1}{2}$
Chanvre		151 £.
Fer		20

Les approvisionnemens nécessaires aux deux équipages, sont :

Boulets de	4	27,136.
	8	8,340.
	12	6,426
	16	42,400.
	24	68,000.
Obus de	6 pouces	5,880.
	8	19,200.
Bombes de 10 pouces		19,200.
Balles de	fer battu	1,092,106.
	plomb	900,000 £.
Poudres		1,663,525

Les matières premières, employées pour obtenir tous ces objets, en n'y comprenant pas le bois des affûts et des voitures, sont :

Peaux de	cheval	231.
	vache	760.
	veau	4,326.
	mouton	14,420.
Bourre		46,144 £.
Chanvre		389,346
Fer	fonte	5,508,468
	raffiné	3,880,543
Cuivre	rouge	889,330
	jaune	22,400
	soudure	4,600
Etain		98,814
Plomb		900,000

DES HOPITAUX.

La quantité des malades varie dans chaque armée, en raison de leur position. Le nombre est beaucoup plus considérable dans les pays chauds que dans les pays froids.

Les observations sur le nombre des malades dans les différentes guerres que la France a eu à soutenir contre ses voisins a porté au septième des combattans les malades des armées dans le Nord de la République, et au cinquième dans le Midi.

Assez ordinairement la proportion des malades est un quart de blessés, un quart de galleux et de vénériens, et moitié de fiévreux et autres maladies.

Quoique la moyenne des malades du Nord et du Midi de la République soit de $\frac{6}{35}$, il est bon d'établir des hôpitaux pour recevoir le quart des combattans; ainsi, il faut pour une armée de 105,000 combattans des hôpitaux pour recevoir 26,250 hommes.

Il y a deux sortes d'hôpitaux : hôpitaux sédentaires et hôpitaux ambulans.

Les hôpitaux sédentaires sont établis depuis long-tems dans des villes populeuses.

Les hôpitaux ambulans se disposent ou changent de place, en raison de la position des armées.

On établit ordinairement les hôpitaux ambulans dans de grands bâtimens, le plus souvent dans des couvents.

On les dispose de manière qu'il y ait près de l'armée une quantité d'hôpitaux assez considérable pour recevoir les malades des armées, que l'on évacue ensuite dans des hôpitaux plus éloignés, lorsque les malades peuvent supporter le transport.

Ces évacuations se font d'une telle manière que les hôpitaux près des armées soient toujours prêts à recevoir de nouveaux malades.

On fait des hôpitaux pour 600, 500, 400, 300 malades, cela en raison de la grandeur des bâtimens que l'on trouve.

Quels que soient les bâtimens que l'on destine à faire des hôpitaux, presque toujours ces bâtimens sont resserrés. L'air est peu renouvellé. Des épidémies naissent de la stagnation de l'air et de l'encombrement des malades, qui donnent naissance à une fièvre putride particulière, nommée fièvre d'hôpital; un grand nombre de malades en périt.

La proportion des morts aux malades dans les hôpitaux près des armées est assez ordinairement de $\frac{16}{100}$. Dans les hôpitaux sédentaires de $\frac{1}{100}$.

Cette différence dans la proportion des morts aux malades dépend de la grande facilité que l'on a pour obtenir un air pur dans les hôpitaux sédentaires, et que l'on obtient un air moins pur dans les hôpitaux ambulans.

Le moyen de corriger le vice des hôpitaux ambulans à la suite des armées, seroit de les construire sous des tentes au lieu de les établir dans des bâtimens. Le succès heureux que l'on vient d'obtenir au camp de santé de l'école de Mars, doit engager à multiplier ces sortes d'établissemens.

Par ce moyen de camps de santé, on éviteroit ces lignes successives d'hôpitaux jusque dans l'intérieur, le transport si réitéré des malades qui emploie un nombre considérable de voitures et de chevaux, enfin les épidémies transportées des environs des armées presque dans l'intérieur de la République par les malades qu'on y conduit.

La mortalité moyenne sur le territoire de la République est de $\frac{1}{100}$ et plus; et de $\frac{16}{100}$ dans l'hospice de l'Humanité, à Paris.

Le rapport de la mortalité moyenne à celle des hôpitaux sédentaires, paroîtra d'autant plus extraordinaire que les uns ne contiennent que des malades, et les autres des individus en pleine santé.

Cette différence vient de ce que dans les hôpitaux sédentaires tous les malades sont hommes, et le plus grand nombre est dans la force et la vigueur de l'âge, et que dans toute la République, il y a des malades de tout âge et de tout sexe, et que l'on ne va à l'hospice de l'Humanité, à Paris, que lorsque l'on est à toute extrémité.

Les approvissionnemens nécessaires à une armée sont de trois sortes:

Effets, médicamens et subsistances.

Pour les malades.

Les effets sont des lits, draps, couvertures, chemises, bonnets de laine, coëffes de bonnet, capotes.

Pour les hôpitaux.

Tabliers, nappes, serviettes, torchons, vestes et pantalons d'infirmiers, pantalons pour les malades.

Ustensiles d'étain, de cuivre, de fer-blanc, de fer, &c.

En supposant que les malades fussent seuls dans un lit, il faudra

26,250	lits.
105,000	paires de draps.
105,000	chemises.
26,250	bonnets de laine.
105,000	coëffes de nuit.
26,250	capotes.
14,175	tabliers.
526	nappes.
3,675	serviettes.
2,625	vestes et pantalons d'infirmier.
26,250	pantalons pour les malades.

Les médicamens sont divisés en espèces.

Substances végétales.	Racines.	
	Bois.	
	Ecorces.	
	Feuilles.	
	Fleurs.	
	Semences.	
	Fruits.	
	Excroissances.	
Obtenues de substances végétales.	Sucre.	
	Résine.	
	Beaume.	
	Huile.	Fine.
		Essentielle.
		Concrète.
Substances	Maritimes.	
	Animales.	
	Minérales.	
	Miel.	
	Electuaires.	
	Extrait.	
	Soude.	
	Onguent.	
	Emplâtres.	
	Pilulles.	
	Teintures.	

Baumes.
Eaux spiritueuses.
Liqueurs éthérées.
Acides. { Végétaux. / Minéraux.
Alkalis.
Préparation métallique.
Combinaison saline.
Terres.
Farines.
Objets divers.

La quantité des substances employées pour confectionner les effets et ustensiles nécessaires à des hôpitaux qui doivent contenir 26,250 malades, est

Toiles de.	$\frac{3}{4}$	3,281	aunes.
	$\frac{5}{7}$	22,969	
	$\frac{4}{4}$	1,673,582	
	Drap	158,812	
	Laine	6,341,483	livres.
	Crin	426,562	
Fer	De fonte	1,500	
	Raffiné	105,000	
	Blanc	140,000	feuilles.
Cuivre	Rouge	102,315	
	Jaune	420	
	Étain	17,500	

La quantité de matières premières est

Chanvre	1,236,311
Laine	1,316,898

Celle du crin, du fer, du cuivre, de l'étain, est comme il est porté.

L'obligation d'avoir des officiers de santé pour traiter les malades, le défaut d'enseignement public depuis plusieurs années, les officiers de santé morts par excès de zèle et par les fièvres des hôpitaux, ont diminué le nombre d'officiers très-instruits. Il est temps de crée des moyens révolutionnaires, de propager les connoissances nécessaires à ceux qui s'occupent de l'art de guérir, et déjà la Convention s'en occupe d'une manière très-active.

ADMINISTRATION MILITAIRE.

CHAPITRE IX.

DES TRANSPORTS ET CONVOIS MILITAIRES.

Les charrois militaires sont divisés en quatre sections.

Artillerie.

Ambulance des hôpitaux.

Vivres.

Effets de campement, fourrages et autres approvisionnemens.

Ce qui concerne les charrois de l'artillerie a été rapporté au chapitre de l'artillerie, et ne doit point être compris dans cette partie des charrois.

Les charrois de l'ambulance des hôpitaux, peuvent être divisés en deux parties.

Services des hôpitaux, et charrois pour les évacuations.

Le service pour les évacuations, varie en raison des facilités et des moyens.

La quantité moyenne de voitures, pour les deux services des hôpitaux, est, pour une armée de 105,000 hommes, de :

50 voitures. . . . . } 53 voitures.
3 charriots couverts . . . . . . }

Non compris 70 bidets destinés à transporter les officiers de santé, ou les malades qui peuvent aller à cheval.

Le service, pour le transport du pain, se fait par des caissons.

Chaque caisson peut transporter 1200 rations.

On consomme par jour 144,000 rations. La consommation, pour quatre jours, est de 576,000 rations. Il faut, pour les contenir, 480 caissons.

Il faut avoir un caisson en charge, un à l'armée, et deux en route; ce qui porte le nombre des caissons à 1440.

On se servoit autrefois dans les armées, de chevaux ou mulets, pour transporter les effets de campement.

Le nombre des chevaux étoit considérable, et d'un chargement difficile. On y a substitué, dans cette guerre, des voitures; ces voitures ont économisé un grand nombre de chevaux.

A

Le nombre de voitures est de six par mille hommes ; ce qui fait 630 pour une armée de 105,000 hommes.

Quant aux autres objets de transport, comme eau-de-vie, sel, vinaigre, paille, bois, grains, farines, fourrages, effets d'habillement et d'équipement, on peut porter le nombre de voitures nécessaires à 1153.

Le nombre des forges de campagne, tant pour les chevaux de ces voitures, que pour ceux des autres chevaux des armées, en admettant une forge pour 300 chevaux, est de 180; en retirant de ce nombre les 49 qui sont déja destinées à l'artillerie, le reste est de 131.

Le nombre de voitures pour le service des charrois est de

Hôpitaux	50	3,407.
des vivres.	1,440	
des effets de campement .	630	
des approvisionnemens. .	1,153	
des forges.	134	

Les équipages des voitures, des charrois, attelés de quatre chevaux, employent :

Peaux de . . . . cheval.		$\frac{2}{25}$
Peaux de . . . . vache		$\frac{21}{80}$
Peaux de . . . . veau.	1	$\frac{1}{2}$
Peaux de . . . . mouton.	5	
Bourre.	16 £.	
Couverture de laine	1	
Toile	6 aunes $\frac{1}{2}$	
Cordes.	150 £.	
Fer.	20	

Les caissons ont de plus pour le couvercle.

Toile. . . . . 11 aunes.

Chaque caisson emploie, dans sa construction, environ 706 livres de fer, et chaque voiture 700 livres.

Nous avons vu, chapitre premier, que le nombre des chevaux d'une armée de 105,000 hommes, étoit de 54,000.

Les chevaux usent plus ou moins de fer, selon leurs occupations. Les chevaux employés aux mêmes usages, en usent selon leur conformation, le pays où l'on fait la guerre, la difficulté des chemins.

La quantité moyenne de fers usés par chaque cheval, est de 3 par mois, et de 32 cloux.

Le poids d'un fer est proportionné à sa grandeur et à son travail : son poids moyen est de 1 livre et demie.

La pesanteur des cloux varie depuis 18 jusqu'à 60 à la livre ; la pesanteur moyenne des cloux à l'armée est de 32 à la livre.

3 fers pèsent donc . .	4 £. $\frac{1}{2}$	5 £. $\frac{1}{2}$
32 cloux	1	

Comme le fer retiré n'est pas entièrement usé, on peut réduire la consommation à 4 livres de fer par mois, et 48 livres par année, donnent pour ces 54,000 chevaux 2,592,000 livres de fer.

Nous avons vu qu'une armée de 105,000 hommes employoit 14,532 charretiers.

Les charretiers sont habillés par la République.

Les soldats de la République usent pour leur habillement, par an, environ :

Laine	19 £.
Chanvre	6 $\frac{3}{10}$

On peut supposer que les conducteurs des charrois font la même consommation.

D'après ces données, la consommation d'une armée de 105,000 hommes est de :

Laine.		285,914 £.
Bourre.		54,512
Peaux de	cheval.	272 $\frac{1}{2}$
	vache.	885 $\frac{1}{2}$
	veau.	5,110
	mouton.	17,035
Chanvre.		631,265 £.
Fer		5,159,780

NISTRATION
LITAIRE.

APITRE X.

DE LA SOLDE DES TROUPES.

La solde des troupes varie en raison des grades.

Cette variation est fondée sur le nombre des collaborateurs, que les citoyens, employés à chaque grade, sont obligés d'avoir avec eux.

Un général, par exemple, obligé d'être continuellement à cheval, doit avoir plusieurs chevaux.

Il ne peut à la fois surveiller l'armée, la diriger, maintenir l'ordre et la discipline, et panser ses chevaux, il faut qu'il ait avec lui des citoyens qui s'en occupent, et qu'il paie pour cet usage.

Il est obligé d'avoir avec lui plusieurs citoyens chargés de différentes fonctions qu'il ne peut exercer, en remplissant ses devoirs de général. Il faut donc qu'il ait une solde qui le mette à même de payer ces citoyens.

De là la nécessité d'avoir différentes soldes en raison des grades.

D'après le décret du 2 thermidor, la solde des troupes est fixée ainsi qu'il suit :

		#	s	
Général en chef		135		par jour.
Général de division		68		
Général de brigade		41		
Adjudant-général,	chef de brigade	22		
	de bataillon	16		

Adjoints aux adjudans-généraux

		#	s
Ayant grade de	capitaine	12	10
	lieutenant	8	5
	sous-lieutenant	7	10
Aide-de-camp ayant grade de	chef de brigade	22	
	chef de bataillon	16	
	capitaine	12	10
	lieutenant	8	5
	sous-lieutenant	7	10

A

Dans l'infanterie et infanterie légère, la solde de l'état-major est ainsi fixée :

Chef de brigade	21 ₶	10 ſ
Chef de bataillon	15	10
Quartier-maître-trésorier	6	10
Adjudant-major	9	

Les autres, en décroissant successivement dans les compagnies.

Capitaine	9 ₶		
Lieutenant	5	10 ſ	
Sous-lieutenant	4	5	
Sergent-major	1	9	
Sergents	1	6	
Caporal-fourrier	1	1	
Caporal		18	
Appointés		10	3 ẟ
Fusiliers		10	
Grenadiers		11	6
Cavalier		12	6
Canonniers de première classe . .		15	
Canonniers de seconde classe . . .		11	6
Sapeurs		16	
Gendarme à pied		10	
Guide	1	19	

La solde des états-majors et autres officiers de ces différens corps, suit la même progression que pour ceux de l'infanterie.

D'après ces bases, et l'état de la composition d'une armée de 105,000 combattans, telle que nous l'avons donnée, la solde de

	PAR JOUR.		PAR MOIS.		PAR AN.	
L'état-major d'une armée de 105,000 hommes est de . .	3,099 ₶	5 ſ	92,979 ₶	ſ	1,131,244 ₶	10 ſ
L'état-major de l'infanterie	3,544	10	106,335		1,293,742	10
L'état-major de la cavalerie	2,039	10	61,177	10	744,326	5
L'état-major de l'artillerie.	169	5	5,077	10	61,776	5
L'infanterie de ligne et légère	62,357	14	1,870,731		22,760,560	10
La cavalerie de ligne et légère. . .	16,455		493,620		6,005,710	
Artillerie de bataillon, à pied, à cheval, sapeurs mineurs.	5,463	12	193,908		2,359,214	
Total.	94,127 ₶	12 ſ	2,823,828 ₶		34,356,574 ₶	

Le traitement des employés à la suite peut être divisé en deux parties : celui pour les employés des charrois, et celui pour les employés aux administrations.

Les employés aux charrois sont au nombre de 14,532, dont 12,000 charretiers au moins.

Le traitement des charretiers est de 37 sols et demi par jour.

Celui des autres employés est depuis 5 liv. jusqu'à 17 liv. par jour.

Ainsi, l'on peut supposer le traitement moyen des employés aux transports, de 2 liv. 5 sols par jour ; conséquemment, les 14,532 employés exigent

PAR JOUR.	PAR MOIS.	PAR AN.
32,697 #	980,910 #	11,934,405 #

Le traitement le plus foible des autres employés dans les administrations militaires, est de 150 liv. par mois, le plus fort de 500 liv. ; le moyen est donc 325 liv. par mois. Il y a dans une armée de 105,000 hommes, 3,993 employés dans les administrations militaires ; il faut donc pour

	PAR JOUR.	PAR MOIS.	PAR AN.
Leur solde	43,267 #	1,297,725 #	15,789,155 #

La dépense de solde et traitement, pour une armée de 105,000 combattans, est donc :

	PAR JOUR.	PAR MOIS.	PAR AN.
Pour les combattans.	94,127 # 12 ſ	2,823,828 #	34,356,574 #
Employés aux transports.	32,697	980,910	11,934,405
Aux administrations.	43,257	1,297,710	15,789,805
Total	170,081 # 12 ſ	5,102,448 #	62,079,784 #
Il faut donc pour 1,200,000 combattans	1,943,789 # $\frac{5}{7}$	58,313,691 # $\frac{3}{7}$	709,483,245 # $\frac{5}{7}$

D'après le nombre d'hommes employés à la suite d'une armée, un combattant coûte à la république une valeur en solde de 1 # 12 ſ 4 d $\frac{3}{4}$ par jour. 48 # 11 ſ 10 d $\frac{3}{4}$ par mois. 591 # 7 ſ $\frac{5}{8}$ par an ; et cela indépendamment de l'habillement et autres effets.

RÉCAPITULATION GÉNÉRALE.

En réunissant toutes les quantités de matières premières employées dans une armée de 105000 hommes, et détaillées dans le chapitre précédent, on trouve que sa consommation est :

	Grains	4,047,120	boisseaux.
	Bœufs	39,237	
	Vin	40,109	muids.
Fourrages.	Foin	3,777,385	quintaux.
	Avoine	13,140,000	boisseaux.
	Paille	1,546,250	quintaux.
Poils	Laine	4,271,190	livres.
	Crin	375,000	
	Bourre	134,196	
Peaux de	Cheval	12,945	peaux.
	Buffle	15,909	
	Bœuf	19,267	
	Vache	26,044	
	Veau	183,019	
	Mouton	97,855	
Chanvre		7,828,409	
Fers	de Fonte	5,523,408	livres.
	Affiné	10,920,840	
	Acier	438,305	
	Blanc	276,300	feuilles.
Cuivres	Rouge	986,376	livres.
	Jaune	169,741	
	Plomb	900,000	
	Étain	145,598	

Un arpent de terre moyenne, rapporte 5 septiers ou 60 boisseaux par an, ainsi pour produire 4,047,120 boisseaux, il faut 67,452 arpens.

Les bœufs sont nourris jusqu'à quatre ans sans travailler ; dans les pays où on ne les fait pas travailler, on les tue à cet âge.

Dans les pays où on les fait travailler, on les met à l'ouvrage à quatre ans, et alors ils gagnent leur nourriture, et doivent être considérés comme animaux de travail.

Il ne faut donc compter la nourriture des bœufs qui servent à la subsistance des hommes, que jusqu'à quatre ans.

Un bœuf fait, mange 25 livres de foin par jour; il mange moins dans les premières années.

La consommation moyenne d'un bœuf pendant les quatre premières années, peut être estimée à 18 livres de foin par jour, et 6570 livres par an.

Comme un arpent de prés rapporte, année commune, 4000 livres de foin, il faut le produit d'un arpent et demi pour nourrir un bœuf pendant quatre ans, ainsi pour les 39,237 bœufs, 58,655 arpens.

Un arpent de vigne produit, année commune, 12 muids de vin, ainsi les 42109 muids doivent être produit par 3509 arpens.

A 4000 livres de foin par arpent, les 3,777,385 quintaux doivent être produits par 94,434 arpens.

Un arpent d'avoine produit, année commune, semence prélevée, 3 septiers et demi ou 42 boisseaux, ainsi il faut pour produire 13,140,000 boisseaux, 312,765 arpens.

Un arpent de froment produit, année commune, 164 gerbes ou 1640 livres de paille, ainsi il faut pour les 1,546,250 quintaux, 94,283 arpens.

Déja 67,452 arpens sont employés à produire du froment, et conséquemment de la paille; il faudroit donc 26,381 arpens pour produire le reste : mais cette paille peut être compensée par celle de l'avoine produite par 312,765 arpens.

On estime le produit moyen d'un arpent de chanvre à douze quintaux, ainsi, il faut pour produire les 7,828,409 livres de chanvre, 6,524 arpens.

Une toison moyenne lavée, peignée et filée produit environ 2 livres de laine. En supposant qu'un mouton produise 2 toisons par an, il faut 1,067,797 moutons pour produire les 4,271,190 livres de laine consommées.

Comme un arpent de prairie nourrit ordinairement 4 moutons, il faut 266,949 arpens.

Les chevaux de l'armée fournissent au-delà, le crin consommé.

Les peaux de bœuf fournissent et au-delà, la bourre consommée.

Il meurt environ le quart des chevaux de l'armée par an, ce

qui fait 9000. On consomme 12,945 peaux de cheval ; il faut donc que l'intérieur fournisse 3945 peaux.

On ne tue point de vaches aux armées, ainsi l'intérieur doit fournir toutes les peaux de vaches consommées.

Les peaux de buffle se tirent de l'étranger.

On tue à l'armée 39,228 bœufs ; on consomme 12,267 peaux de bœufs ; il en reste donc 199,661 qui rentrent dans l'intérieur.

1,067,797 moutons sont employés à fournir de la laine ; les moutons se tuent à 3 ou 4 ans ; on tue tous les ans 266,949 de ces moutons ; il ne faut que 97,853 peaux de moutons, conséquemment moins que la consommation de la laine ne le comporte.

Toutes les peaux de veau doivent se tirer de l'intérieur.

Les substances métalliques peuvent se tirer toutes de l'intérieur.

Ainsi le nombre d'arpents, nécessaire pour nourrir une armée de 105,000 hommes, est,

Grain.	Froment.	67,452	380,207	810,488.
	Avoine.	312,765		
Prairie.	Foin.	94,475	410,238	
	Bœuf.	58,855		
	Mouton.	266,949		
Vigne.			3,509	
Chanvre.	Habillement.	2,483	6,524	
	Campement.	4,041		

Le rapport des terres qu'il faut cultiver pour l'armée, est,

Vigne.	1
Chanvre.	2
Grain.	109
Prairie.	127

Le rapport des grains aux fourrages est : : 19 : 20.

Ici le rapport des terres cultivées pour la nourriture des hommes et des chevaux et pour l'habillement des hommes, est confondu.

Le rapport des terres pour la nourriture des hommes, est,

Vigne	1	Ainsi, les terres cultivées en grains sont à celles cultivées en prairies : : 19 : 17.
Grain	19	
Prairie	17	

Le rapport pour l'habillement,

Chanvre	$\frac{5}{7}$
Prairie.	76

Le rapport pour la nourriture des chevaux, est,

Grain	89
Fourrage.	27

Ainsi, les terres en grains sont à celles en fourrage : : 10 : 3.

Le rapport de la culture pour la nourriture et l'habillement des armées, est

Vigne	1
Chanvre	$\frac{5}{7}$
Grain	19
Prairie.	93

Ainsi, le rapport des terres en grains aux prairies est : : 1 : 5, c'est-à-dire 5 fois plus de prairies que de terres à grains.

Chaque soldat emploie pour la nourriture et l'habillement,

Grains	"	$\frac{3}{4}$ d'arpent.
Prairie	3	$\frac{2}{5}$
Chanvre.	"	$\frac{3}{40}$
Vigne.	"	$\frac{1}{25}$.

Comme il faut 810,448 arpens pour l'entretien d'une armée de 105,000 combattans, c'est 7 arpens $\frac{8}{10}$ par combattant.

Si l'on porte dans l'habillement l'économie que l'on doit en attendre, la consommation pour les effets d'habillement et d'équipement peut être réduite à moitié, dans ce cas le nombre d'arpens sera

Grains			280,217	675,772
Prairie .	Foin	94,437	286,766	
	Bœuf.	58,855		
	Moutons	133,474		
Vigne.			3,507	
Chanvre .	Habillement.	1,241	5,282	
	Campement	4,041		

Ainsi, il y auroit d'employé pour l'entretien de chaque combattant 6 arpens $\frac{4}{10}$.

DE L'AGRICULTURE.

L'AGRICULTURE est l'art de faire produire à la terre toutes les plantes nécessaires à la nourriture des hommes et des animaux, à l'habillement des hommes et à leur logement.

Les végétaux sont des individus qui vivent, se nourrissent et se propagent.

Ils diffèrent des animaux en ce qu'ils ne sont pas capables de volonté, et en ce que ceux-ci peuvent se déplacer, et se transporter d'un lieu à un autre, et que les végétaux abandonnés à eux-mêmes, sont obligés de mourir dans la même place où ils ont pris naissance.

Les animaux prennent leur nourriture par la bouche, et les végétaux par les racines.

Tous les végétaux, dans quelqu'état qu'ils soient, contiennent de l'eau, de l'air, du carbone, de l'huile, de l'hydrogène, de l'azote, de l'alkali, du phosphore, quelquefois des sels, des terres, et quelques particules métalliques.

Parmi les substances qui constituent le végétal, celles qui abondent, sont l'eau, le carbone, et l'huile ou toutes autres matières grasses ou résineuses.

L'huile ou toutes autres matières grasses ou résineuses sont composées d'hydrogène et de carbone; ainsi les plantes peuvent être considérées comme composées d'eau, de carbone et d'hydrogéne.

Dans l'acte de la végétation, l'eau se décompose, laisse dégager son oxigène, et laisse l'hydrogène dans la plante.

La végétation peut avoir lieu dans deux circonstances différentes.

1°. Celle où les plantes ne peuvent puiser que de l'eau par leurs racines.

2°. Celle où elles sont dans une bonne terre végétale, et où elles peuvent puiser d'autres substances.

Dans le premier cas, le développement de la plante se fait aux dépens de l'eau; la plante augmente de poids par l'eau qui se dépose dans son intérieur.

L'analyse de la plante comparée à celle de la graine ou de la bouture qui a servi à son développement, ne donne pour résultat que la même quantité de carbone et de cendre, que la graine où la bouture auroit produit.

Dans ce cas, la plante ne croît, ne vit que jusqu'à ce qu'elle soit parvenue à la floraison, jamais elle ne va au-delà, souvent même elle meurt avant de fleurir.

Dans le second cas, la plante fleurit et produit des graines; à quelque époque de la végétation que l'on arrête la plante, on trouve par l'analyse plus de carbonne et de cendre, que la graine ou la bouture n'en auroit produit.

D'où il suit que l'accroissement du carbonne et de la cendre dans une plante vient des substances qui sont dans la terre, et que les végétaux puisent par leurs racines.

En effet, tant qu'une terre contient du carbonne, dans un état prochain de dissolution dans l'eau, les plantes y croissent, y grainent.

La croissance et la formation de la graine, sont d'autant plus actives que la proportion du carbonne est plus exacte, par rapport à la nature du végétal.

Lorsqu'une terre est complettement dépourvue de carbonne, les plantes y croissent comme dans l'eau pure, c'est-à-dire, qu'elles parviennent jusqu'à la floraison, et jamais au-delà, et que la quantité de carbonne n'augmente pas dans la plante, par ce développement.

Si, dans une même terre, on cultivoit successivement, soit la même plante, soit des plantes différentes, sans jamais y rien ajouter, on épuiseroit la terre de carbonne, et elle ne pourroit plus servir à la formation de la graine des végétaux.

Il faut rendre à la terre le carbonne que les plantes y prennent, c'est ce que l'on fait en y enterrant du fumier, des végétaux, des excrémens d'animaux, et toutes autres substances animales; car ces substances contiennent du carbonne dans un état prochain de dissolution dans l'eau, conséquemment très-propre à la nourriture des plantes.

Il faut à tous les végétaux de l'eau et du carbonne pour leur nourriture, mais il les faut dans des proportions très-différentes, par rapport à chaque espèce de plante.

Il en est, comme les plantes aquatiques, qui veulent beaucoup d'eau et peu de carbonne; d'autres, comme les plantes des terreins secs, qui veulent du carbonne et très-peu d'eau.

Pour l'un et pour l'autre il y a des limites; trop d'eau empêche les plantes de grainer, trop de carbonne les dissout; les indigeste, et les tue.

Le carbonne et l'eau sont une des données qui contribuent à l'accroissement des plantes et à la formation de leur graine, c'est leur nourriture; mais comme les plantes sont stables, inamovibles, il faut aussi que la terre, indépendamment des substances nutritives qu'elle contient, soit dans un état particulier.

Il faut que les racines des plantes soient tellement maintenues dans la terre, que quelqu'agitation qu'elles éprouvent, par l'intempérie des saisons, elles ne soient pas renversées et déracinées; ainsi il faut que la terre ait une sorte de ténacité particulière.

Les plantes qui offrent beaucoup de prise au vent, et qui ont peu de racines, ont besoin d'avoir une terre plus compacte que celles qui offrent peu de prise, et qui ont beaucoup de racines. Il est des plantes qui ont des racines fortes et vigoureuses qui percent facilement les terres les plus dures, d'autres qui ont des racines tendres qui ne peuvent pénétrer que dans des terres légères.

Il faut donc encore que les terres soient compactes, dures, tendres et légères, en raison de la nature de ces racines.

D'où il suit qu'en raison des plantes que l'on cultive, il faut des natures de terres différentes.

Pour obtenir la nature de terre propre à chaque espèce de plantes, on a l'habitude dans les pays où l'agriculture a quelque perfection de mêlanger des terres différentes ensemble.

L'argile est liante, se durcit, devient compacte et retient l'eau.

Le sable est desuni, sans liant, léger et laisse passer l'eau.

La craie en poussière a quelque liant, mais est très-fragile.

La marne est composée d'argile, de craie et de sable, dans une proportion et dans une agrégation telles, que le contact de l'air la reduit en poussière; sa proportion de sable et de craie et beaucoup plus forte que dans les terreins argilleux, est moins que dans les terreins sableux et calcaires.

Lorsqu'un terrein est trop argilleux, qu'il est trop fort, trop ferme, on le divise en jettant dessus du sable, de la craie, de la chaux ou de la marne. Il reste divisé tant que ces substances sont combinées avec lui; mais l'eau les fait descendre peu-à-peu, et au bout d'un temps la terre reprend presque sa première qualité.

Lorsqu'un terrein est sableux ou crayeux, on peut y mêlanger de l'argile ou de la marne; il acquiert par ce moyen plus de liant et devient plus propre à la végétation.

Mais avec le tems, ces matières, d'abord portées à la surface, s'étendent et se mêlent dans toute l'épaisseur de la couche. La surface perd de son liant, et ne peut en acquérir qu'avec de nouveaux mêlanges.

Ainsi la combinaison des terres est nécessaire pour rendre un terrein propre à la culture à laquelle on le destine, pour le diviser davantage, ou lui donner plus de liant; mais il faut renouveller cette opération à des époques différentes.

La marne est de toutes les terres celle qui doit être la plus recherchée, parce qu'elle est propre à toutes les qualités. Elle ôte du liant à celles qui en ont trop; elle en donne à celles qui n'en ont pas assez. C'est conséquemment celle que l'on doit conseiller à tous les cultivateurs, quoiqu'elle soit moins bonne que l'argile pour les terreins maigres, et moins bonne que le sable et la craie pour les terreins forts.

Les racines sont, ou traçantes, ou pivotantes.

Les plantes des premières doivent être cultivées dans un terrein dont la couche végétale soit peu épaisse; les plantes des secondes, dans un terrein dont la couche végétale soit plus épaisse.

Comme les plantes ne tirent de subsistance, que là où leurs racines pénêtrent;

Que les racines traçantes vont peu profondément et s'étendent beaucoup en largeur,

Que les racines pivotantes vont profondément et s'étendent peu en largeur;

On retire un plus grand bénéfice de la culture d'un terrein, en y cultivant successivement des plantes de nature et de racines différentes.

La conclusion du développement sur l'agriculture, est,

1°. Qu'il est bon de varier chaque annee la culture des plantes sur le même terrein.

2°. Que l'on peut, en mêlangeant les terres les unes avec les autres, les rendre propre à quelque espèce de culture que l'on désire;

3° Qu'l faut à chaque culture donner assez de fumier ou de toute autre matière, tenant du carbonne, dans un état prochain de dissolution dans l'eau, pour remplacer celui que la culture précédente a pris.

Qu'en remplaçant ainsi après chaque culture le carbonne dans les terres, non-seulement on peut n'avoir point de jachères, mais encore, que l'on peut faire rapporter plusieurs récoltes à une terre dans la même année.

DE L'AGRICULTURE ACTUELLE
DE LA RÉPUBLIQUE.

On cultivoit, tous les ans, en grain, pour la nourriture des hommes et des chevaux, environ 28,000,000 d'arpents de terre, répartis ainsi qu'il suit.

NATURE DES GRAINS.	NOMBRE D'ARPENS.	QUANTITÉ DE GRAINS.
Froment.	4,400,000	5,280,000,000.
Seigle.	9,000,000	7,650,000,000.
Orge.	3,800,000	4,370,000,000.
Avoine.	10,800,000	5,616,000,000.
	28,000,000.	

La quantité de grain pour la nourriture des hommes, est de. 17,300,000,000

Sur laquelle il faut prélever pour la semence. . 3,460,000,000

Reste pour la consommation. . . . . . 13,840,000,000.

Ce qui fait 553 ℔ de grain par an, pour chaque individu.

La quantité d'avoine pour les chevaux, est de. 5,616,000,000

Il faut prélever pour la semence. 1,404,000,000

Reste. 4,212,000,000

Ce qui fait 2,364 ℔, ou 189 boisseaux d'avoine par an, et 6 ℔ $\frac{1}{2}$, ou $\frac{1}{2}$ boisseau par jour, pour la nourriture de chaque cheval.

Pour cultiver les terres, on a

320,000 charrues traînées par des chevaux,
600,000 traînées par des bœufs.

920,000 charrues.

La quantité moyenne de chevaux par charrue, est de 3.

Chaque charrue traînée par des chevaux, cultive 30 arpens à l'automne, et 30 au printems, ce qui fait 20 arpens, par an, par cheval.

La quantité moyenne des bœufs par charrue, est de 3.

Chaque charrue, traînée par des bœufs, cultive 15 arpens par an; ce qui fait 5 arpens par bœuf.

Le nombre d'arpens cultivés chaque année, est :

Par les chevaux.	Automne	9,600,000.
	Printems	9,600,000.
		19,200,000.
Par les bœufs		9,000,000.
		28,200,000.
Le nombre d'arpens en jachères est de		18,600,000.
Et en vaines pâtures		18,000,000.
Total des terres destinées à la culture des grains		64,800.000.

Ainsi, le nombre des terres cultivées en grain, par an, est à celui qui est destiné à cette culture : : 47 : 108 ou environ : : 4 : 9, dont 4 en culture et 5 en repos.

Cette grande différence vient de la culture avec les bœufs; car, dans la culture avec des chevaux, deux parties sont cultivées, tandis qu'une se repose; et dans celle avec les bœufs, une partie est cultivée, lorsque trois se reposent.

Ainsi, si toute la culture se faisoit avec des chevaux, il faudroit 470,000 charrues; dans la culture avec les bœufs, 1,880,000.

Si tout se cultivoit avec des chevaux, il y auroit,

28,200,000 arpens cultivés.
14,100,000 arpens en jachères.
42,300,000 arpens destinés aux grains.

Si tout se cultivoit avec des bœufs, il y auroit

28,200,000 arpens cultivés.
84,600,000 en repos.
112,800,000 destinés à la culture.

Dans la culture avec les chevaux, il resteroit 65,700,000 arpens pour les prairies, bois, vignes, maisons, jardins, chemins, rivières, &c.

Dans la culture avec les bœufs, il n'y auroit pas assez de terrein pour produire le seul grain nécessaire; il manqueroit 7,800,000 arpens.

Enfin, dans la culture actuelle mêlangée de chevaux et de bœufs, il reste 40, 250,000 arpens pour les prairies, bois, &c. quantité trop peu considérable, et qui sera un obstacle à la population.

La raison qui a fait adopter l'usage de la culture avec les bœufs, est la prétendue économie que l'on a cru en obtenir.

Un bœuf mange 25 livres de foin par jour environ, il faut 2 arpens ¼ de prairie pour le nourrir. Il cultive 5 arpens par an, ainsi il faut pour sa nourriture les $\frac{5}{10}$ de la quantité de terre qu'il cultive.

Un cheval consomme 20 livres de foin et ½ boisseau d'avoine par jour. Il faut 8 arpens pour produire sa consommation, il cultive 20 arpens, il n'employe pour sa nourriture que les $\frac{4}{10}$ de la terre qu'il cultive.

Ce rapport est simple, et prouve que l'économie de la culture par les bœufs n'est qu'apparente et mal entendue. Chez les peuples où toute la culture se fait avec des chevaux, on tue les bœufs entre 3 et 4 ans, c'est à dire à l'âge où ils ont pris toute la croissance, où de nouvelle nourriture donnée aux bœufs ne seroit plus bénéficiable pour le cultivateur.

Dans ces pays la culture est mieux soignée, les terres rapportent d'avantage de grain, et la même quantité de grain coûte moins de frais de culture, les cultivateurs ont plus de fumier disponible, et les terres sont en général dans un meilleur état.

Il faut produire dans l'agriculture une révolution égale à celle que l'on a produit dans le gouvernement; il faut abandonner les méthodes vicieuses, propres à empêcher l'aisance des habitans de la campagne, à retarder et à diminuer la population.

Trop long-tems le cultivateur a manqué de tout; les vices de l'agriculture l'ont réduit à une situation trop malheureuse: il faut qu'il en sorte: il faut que l'agriculture procure une aisance générale à tous les Républicains, il faut que l'agriculture corrige ses vices, et s'améliore.

Le nombre de chevaux employés à cultiver la terre, est de.	960,000.	1,781,500.
Aux arts et autres travaux dépendans de l'agriculture .	600,000.	
Aux charrois	221,500.	

Le nombre de bœufs	Travaillans est de	2,700,000
	A l'engrais	389,000
	En élèves	1,400,000

Le nombre de	Vaches	4,000,000
	Moutons.	20,000,000

La quantité d'arpens de prairie, pour nourrir ces animaux, en supposant que les chevaux soient nourris toute l'année avec du foin ; que les bœufs, vaches et moutons soient nourris un tiers de l'année dans l'étable et dans les bergeries, l'autre tiers dans les bois, vaines pâtures, terres incultes ; est :

Pour	Chevaux.	2,563,000 arpens.
	Bœufs travaillans	2,025,000
	Bœufs à nourrir	700,000
	Bœufs à l'engrais	292,000
	Vaches	2,666,000
	Moutons.	1,666,000
	Total des prairies	9,912,000
	Environ.	10,000,000 de prairies.

Il restoit pour la culture, avec le mêlange de

Chevaux et de bœufs	40,200,000 arpens.
Les prairies en emploient	10,000,000
Reste.	30,200,000,

pour les bois, vignes, maisons, jardins, grands chemins, rivières, bruyères, &c., ce qui est bien peu considérable pour fournir aux autres besoins : la proportion des terres cultivées en grain, et celles cultivées en prairies, est : : 14 : 5.

Ainsi la culture, dans l'ordre actuel est 14 arpens en grains, tous les ans, et seulement 5 en prairies.

On destine 32 arpens pour cultiver des grains, lorsqu'il n'y en a que 5 en prairies.

Mais aussi de cette proportion de culture, il résulte que l'on ne retire par an, pour la consommation générale en viande, que :

NOMS des ANIMAUX.	QUANTITÉS.	POIDS.
Bœufs	397,000	277,900,000
Vaches.	460,000	114,700,000
Veaux.	2,082,500	77,300,000
Moutons	5,256,250	202,750,000
Porcs	3,443,750	538,750,000
	11,639,500,	1,211,400,000.

Ce qui feroit quarante-huit livres et demie par an, quatre livres par mois, et deux onces un gros par jour, pour chaque individu, si la viande étoit partagée également.

Mais environ 9,000,000 d'individus, dont 8,000,000 répartis dans les villes, et 1,000,000 dans les campagnes, consommoient :

NOMS des ANIMAUX.	QUANTITÉ.	POIDS.
Bœufs	397,000	277,900,000
Vaches.	454,000	113,500,000
Veaux.	1,482,500	59,300,000
Moutons	3,756,250	150,250,000
Porcs	443,750	88,750,000
	6,533,500.	689,700,000.

Ce qui fait par individu soixante-seize livres et demie de viande par an, six livres six onces par mois, et deux livres deux onces par décade, et trois onces quatre dixièmes par jour.

Les habitans des campagnes, cultivateurs et autres, au nombre de seize millions, consommoient.

NOMS des ANIMAUX.	QUANTITÉ.	POIDS.
Vaches.	6,000,	1,200,000,
Veaux.	600,000,	18,000,000,
Moutons.	1,500,000,	52,500,000,
Porcs.	3,000,000,	450,000,000,
	5,106,000.	521,700,000.

Ce qui fait par individu, trente-deux livres et demie de viande par an, dont vingt-huit de porc; deux livres onze onces par mois, quatorze onces par décade, une once quatre dixièmes par jour.

En portant à 1,000,000 le nombre d'arpens cultivés en vigne, on aura pour produit 12,000,000 de muids, et par individu un peu moins d'un demi-muid, ou 115 pintes par an; donc 9 pintes $\frac{1}{2}$ par mois, trois pintes $\frac{1}{10}$ par décade, et $\frac{3}{10}$ de pinte par jour.

On peut porter à 10 millions le nombre d'arpens de bois, forêts, parcs, &c.

En supposant qu'ils soient coupés tous les 30 ans, l'un dans l'autre, on coupera par an 333,333 arpens.

Le produit moyen d'un arpent en 30 ans, est de 18 cordes à brûler, 1800 fagots, 540 pieds cubes de bois de construction.

Ainsi l'on auroit de bois, 6,000,000 cordes de bois, 600,000,000 de fagots, 180,000,000 pieds cubes, ce qui donne une corde de bois par ménage, et 30 pieds cubes de bois de construction.

Quant aux fagots, ils peuvent servir à la fabrication du charbon pour la fonte du fer et autres, aux usines, comme verrerie et autres, où l'on employe du bois, et à chauffer les fours dans les campagnes.

En portant à 6 toises l'espace de terrein occupé par chaque ménage qui n'ont point de jardins,

A 50 toises par ménages qui ont des jardins,

En portant à 1,000,000, le nombre de ménages sans jardins, et à 500,250,000, le nombre des ménages avec des jardins, l'espace occupé par ces maisons et les jardins sera de

6,666	pour les villes,
341,650	pour les campagnes.
348,316	

Ainsi l'on peut porter à 500,000 le nombre d'arpens occupés par des maisons et des jardins, et, en doublant, à 1,000,000 d'arpens.

En portant à 45,000 lieues la longueur de tous les chemins qui sont sur le territoire de la République, tant en grandes routes que chemins de traverses, la lieue de 2,000 toises, et la largeur moyenne de 10 toises, l'espace occupé par tous les chemins, seroit de 1,000,000 d'arpens.

Ainsi le nombre d'arpens employés, est :

Cultivés.	28,200,000
En friche de jachères.	36,600,000
En prairies.	10,000,000
En bois.	10,000,000
En vignes.	1,000,000
En bâtimens et jardins.	1,000,000
En grandes routes.	1,000,000
En rivières, ruisseaux, étangs. . .	2,000,000
	89,800,000
Reste en friche, bruyères.	15,200,000

DE LA NOURRITURE DES CITOYENS FRANÇAIS.

L'ACTION de la nutrition est le procédé par lequel les animaux broyent, macèrent les substances alimentaires, les dissolvent dans l'estomac, transportent, par des viscères, une partie des substances dissoutes dans toutes les parties de l'individu, et rejettent l'autre partie par d'autres viscères.

La digestion, qui forme l'opération la plus essentielle de la nutrition, est l'action du suc gastrique sur les alimens, dans l'estomac, et leur dissolution par cet agent.

C'est aux expériences de Duhamel, répétées avec beaucoup de succès par Spalanzani, que nous devons enfin la connoissance exacte de l'effet de la digestion.

Les Français, avant la révolution, pouvoient être divisés en trois classes.

1°. Agriculteurs et ouvriers de toute espèce, dont la production et le travail étoient destinés à être distribués aux autres.

2°. Marchands, négocians, manufacturiers, entrepreneurs, qui achetoient ce travail pour le revendre, et qui servoient conséquemment d'intermédiaire entre les producteurs et les consommateurs.

3°. Nobles, prêtres, jurisconsultes, &c., qui consommoient sans rien produire.

Les premiers vivoient de pain de seigle ou d'orge, de pommes de terre, de chataignes, de maïs, ne mangeoient que du porc, et quelque peu de vache, mouton et veau; la quantité qui leur étoit destinée, étoit d'environ 1 once $\frac{4}{10}$ par individu, par jour; la plupart, et particulièrement les vignerons, ne buvoient que de la piquette; leur habillement étoit mesquin, souvent des lambeaux; enfin, les producteurs étoient ceux qui consommoient le moins, et qui étoient les plus malheureux.

Le quart de ces individus ne portoit que des sabots, et n'avoit pour les habillemens des hommes que 4 ℔ $\frac{8}{10}$ de laine, et pour les habillemens des femmes, que 1 ℔ $\frac{2}{10}$ par an.

Les seconds étoient des capitalistes, qui faisoient aux ouvriers des avances d'argent; qui prenoient ainsi le produit du travail, et le répartissoient entre tous ceux qui avoient le moyen de l'acheter. Ils échangeoient ce travail avec celui des autres nations, en retiroient en place des substances qui nous étoient absolument nécessaires.

Les troisièmes étoient des hommes inutiles, des parasites qui vivoient aux dépens du peuple, qu'ils étoient parvenu à abrutir par la tyrannie, la superstition ou les haines individuelles.

Ces deux classes vivoient bien, étoient bien vêtues, bien couchées ; elles arrachoient le nécessaire du peuple pour se procurer du superflu.

Ils mangeoient du pain blanc, soit de pur froment, soit de froment mêlangé ; ils buvoient le meilleur vin ; ils consommoient près d'un quarteron de viande par individu, dont plus de la moitié en bœuf ; ils employoient à leur vêtement 11 ≠ de laine de France, sans y comprendre la laine étrangère. Tous avoient des souliers, ou des bottes ; toutes les soies étoient employées à leur vêtement et à leur ameublement.

Un grand nombre étoient traînés mollement dans des chaises.

Il ne faut plus dans la république des hommes inutiles, qui ne vivent que de la sueur du peuple. Il faut que tous contribuent à la prospérité générale. Il faut une répartition plus égale.

Il faut à chaque individu tout le pain nécessaire, et s'il est possible, un pain uniforme.

Il leur faut de la viande, du vin ; des vêtemens, des souliers, des logemens.

En supposant que chaque républicain français, ait,

Le pain nécessaire à sa nourriture.
Un quarteron de viande par jour.
Une demi-bouteille de vin.

Un habit	Par an.
Une veste	
Deux culottes	
Deux paires de bas de laine	
Un chapeau	
Trois paires de souliers	
Deux chemises	
Et le reste en proportion	

Un lit par deux individus.

Il faudroit	144,800,000 livres de laine.
	1,200,000 peaux de bœuf.
	1,600,000 peaux de vache.
	8,000,000 peaux de veau.

Pour produire le pain nécessaire à la nourriture de 25,000,000 de républicains.

Il faudra cultiver . . . . 17,200,000 arpens de grain.

Dans la supposition que toutes les terres soient cultivées avec des chevaux,

Il faudroit des chevaux		
	pour cultiver les terres . . .	1,575,000
	pour les manufactures, arts et autres objets. . . .	500,000
	pour les charrois	300,000
		2,375,000

Il faut pour les nourrir :

Avoine	14,250,000 arpens.
Foin.	4,750,000

Ainsi le nombre de terre cultivée en grains, doit être :

Pour les hommes	17,200,000
Pour les chevaux	14,250,000
	31,450,000
En jachères.	15,725,000
	47,175,000

Le nombre de bestiaux pour produire les peaux, la viande, pour nourrir, habiller les Républicains, est :

	QUANTITÉ DE BESTIAUX.	QUANTITÉ DE VIANDE.
Bœufs. . . .	1,300,000	650,000,000
Vaches. . . .	2,000,000	500,000,000
Veaux. . . .	8,000,000	288,000,000
Moutons. . .	9,000,000	360,000,000
Porcs	4,680,000	702,000,000
	24,980,000	2,500,000,000

Les bœufs n'étant plus employés à la culture et aux charrois, peuvent être tués à 4 ans et demi ;

Les vaches à 10 ans ;

Les moutons à 4 ans.

Il faut, d'après cela, pour obtenir cette quantité de viande,

Bœufs.	5,850,000
Vaches	20,000,000
Moutons.	36,000,000

Pour nourrir ces bestiaux, il faut en prairie, en supposant qu'ils soient nourris un quart de l'année dans les bois, chemins, etc.

Pour les bœufs.	7,500,000 arpens.
Vaches	30,000,000
Moutons.	6,750,000
TOTAL	44,250,000
Ajoutant pour les chevaux.	4,750,000
	49,000,000

Ainsi, la proportion des terres cultivées en grains et prairies est : : 31 : 49 : : 5 : 8.

Ainsi, pour chaque charrue, il y auroit en :

Grains.	60 arpens.
Prairies.	96
Bœufs	12
Vaches.	40
Moutons	72
Chevaux.	3
Porcs	16

En donnant une corde de bois à chaque familles, et les bois analogues pour la construction, 10,000,000 d'arpens.

Pour donner une chopine de vin à chaque individu, depuis 16 ans, il faudra 1,000,000 d'arpens.

D'après cela, la quantité de terre sera,

En grains	31,450,000 arpens.
Jachères.	15,725,000
Prairies.	49,000,000
Vignes.	1,000,000
Bois.	10,000,000
Bâtimens et jardins	1,000,000
Grandes routes.	1,000,000
Rivières, ruisseaux, étangs	2,000,000
	111,175,000

D'après cette distribution, il faudroit 111,175,000 arpens; la République n'en fournit que 105,000,000; il faut nécessairement diminuer les jachères; et dans ce cas, on aura,

En grains	31,450,000 arpens.
Prairies.	49,000,000
Bois	10 000,000
Vignes	1,000,000
Bâtimens	1,000,000
Routes	1,000,000
Rivières, &c.	2,000,000
	95,450,000
Reste en friche ou jachères	10,000,000
	105,000,000

DE LA FABRICATION DES ÉTOFFES.

On emploie dans l'habillement et l'équipement et le campement des troupes, six sortes d'étoffes.

1°. Du feutre.

2°. Du drap.

3°. Du cadis, du tricot.

4°. Du tissu à mailles.

5°. De la toile.

6°. Du coutil.

Quatre de ces étoffes sont fabriquées avec de la laine, et deux avec du chanvre.

La laine avant d'être employée à la fabrication de ces étoffes, reçoit une préparation particulière.

D'abord on coupe la laine ou la toison de dessus le corps des moutons.

Quelques-uns lavent les moutons avant de les tondre, d'autres ne les lavent pas.

Les premiers livrent dans le commerce une laine plus pure, plus propre : les seconds une laine plus sale.

On sépare la laine des toisons par qualité, et chacune est destinée à une espèce d'étoffe différente.

On sépare même la laine dans une même toison.

En Espagne, on en fait trois divisions.

1°. La laine du dos et des côtés.

2°. La laine des cuisses et du col.

3°. La laine de dessous le col, et des parties inférieures des cuisses et des épaules.

La laine avant d'être employée, est lavée dans de l'eau froide, soit à la rivière, soit dans des canaux, soit dans des réservoirs.

Cette opération ôte les premières saletés. On lave ensuite la laine dans des chaudières pleines d'eau chaude.

Cette seconde opération a pour objet de dégraisser la laine.

On a attention de ne se servir pour cette opération, que de l'eau déja imprégnée de suin, de la matière grasse de la laine.

Si l'eau étoit propre et pure, la laine en sortant du lavage, seroit dure, cassante, et ne seroit point assez dégraissée.

Quand on n'a point d'ancienne eau de dégraissage, on met au fond de la chaudière, dans un filet, une masse de laine suffisante pour donner à l'eau une quantité assez considérable de suin.

La laine dégraissée et séchée est employée de suite, sans autre préparation, pour la fabrication du feutre; mais dans ce cas, on n'emploie que de la laine d'agneau.

Feutrer, c'est faire accrocher plusieurs poils, les lier et les enchaîner entr'eux par leurs aspérites.

L'opération consiste à séparer les brins de laine avec la carde ou avec l'archet, les faire placer les uns par rapport aux autres dans des directions différentes, donner aux capades une forme dépendante de celle de l'objet que l'on veut obtenir, les mouiller ensuite et frotter les poils les uns sur les autres, pour les faire mouvoir foiblement et les faire accrocher.

Le liquide dans lequel on foule, ou feutre, ordinairement est de la lie de vin étendue, d'eau, du tartre de vin dissous dans de l'eau, de l'eau acidulée d'acide sulfurique, etc. etc.

La liqueur est échauffée au point que la main puisse tenir dedans.

On feutre non-seulement des chapeaux, mais encore des étoffes; dans ce cas on commence la feutration dans une dissolution de savon, ou seulement alkaline.

Il est des poils qui subissent une préparation avant d'être feutrés. Cette préparation se nomme secrétage; elle consiste à mouiller avec une brosse l'extrémité des poils, avec une dissolution de mercure dans l'acide nitrique.

La laine destinée à la filature, est cardée ou peignée avant d'être filée.

Avant de carder de la laine, on l'ensine.

Ensiner de la laine, c'est la poser couche par couche, dans un auge de bois, et asperger chaque couche d'un peu d'huile d'olive ; et retourner la laine avec une fourche, de temps à autre, afin que l'huile, quoi qu'en petite quantité, touche toute la laine.

Cette opération lui donne de la douceur et du liant, et l'empêche de se feutrer.

Ensuite on carde : sans cette opération, les laines se romproient par portions.

Peigner la laine, c'est la passer dans deux peignes à très-longues dents d'acier ; la graisser de lard ou de beure, pour lui donner du liant, et l'étirer de manière à mettre tous les brins de laine parallèles, et séparer toutes les laines longues des laines courtes.

L'opération du peignage a, sur l'opération de la carde, l'avantage de mettre plus d'égalité dans la laine, et de la rendre plus propres aux étoffes fines ; aussi ne se sert-on de la carde, que pour les laines destinées aux étoffes grossières.

La laine cardée ou peignée, se file.

Filer la laine, c'est réunir plusieurs brins ensemble, de manière que les extrémités soient toutes à des distances différentes ; placer d'autres brins au bout de chaque premier, et les tordre. On tord ou avec les mains, ou avec le rouet.

La filature à la main se fait avec des fuseaux ; celle au rouet se fait avec deux espèces de rouets différents : le rouet mû au pied, et le rouet mû à la main.

On file, depuis quelque temps, avec des machines analogues à celles qui sont employées pour le coton.

Il seroit précieux, dans ce moment où nous manquons de bras pour le commerce et les manufactures, que le gouvernement fît multiplier ces machines.

Après la filature, on devide et l'on tisse.

Le tissu est une manière de croiser les fils dans deux sens différens, de manière que les uns passent alternativement dessus et dessous les autres dans un ordre fixe et déterminé.

Il est des étoffes où les fils passent alternativement un dessus et un dessous, d'autres deux dessus et un dessous, et d'autres deux dessus et deux dessous, etc.

Chacun de ces tissus à des noms différens.

La toile ordinaire et le drap ne sont formés que d'un fil alternativement dessus et dessous. Ces tissus se font sur les métiers. Les fils, placés dans la longueur de l'étoffe, et que l'on nomme chaîne, se placent d'abord sur le métier, de manière qu'ils soient tendus également : on les colle pour qu'ils prennent et conservent cette tension.

On passe tous ces fils dans un peigne qui les sépare et les place à des distances égales : l'espace entre les dents du peigne, comparé à la grosseur des fils, détermine de combien l'étoffe est claire ou serrée.

Les lisses sont destinés à soulever les fils de chaîne, dans un ordre déterminé, par rapport à la nature de l'étoffe que l'on veut obtenir ; et une navette chargée de fil passe dans l'intervalle formé par les brins de la chaîne levés ou abaissés, afin d'y déposer un fil de trame et former le tissu.

On rapproche, avec le peigne, le fil de trame de celui qui est déja placé, et on le fixe à la distance qu'il doit avoir. On lève d'autres fils avec les lisses, et l'on passe un nouveau fil.

Il y a des métiers de draps à un seul tisserand ; d'autres à deux tisserands.

Les premiers sont destinés à faire des draps peu larges ; les autres à faire des draps très-larges, et tels, qu'un seul homme ne pourroit travailler dans toute sa largeur.

Les étoffes de laine, telles que les grosses draperies, les draperies fines, les draperies communes, celles qui se fabriquent à Sedan, aux Gobelins, à Louviers, Abbeville, Elbeuf, Montauban, Cahors, Darnetal, Château-roux, Beauvais, Lodève, etc. se feutrent après avoir été tissées.

Les étoffes de laine de la petite draperie, les étoffes de laine ; rases, douces, sèches, unies, croisées, ne se feutrent pas.

Après le tissage, on foule la grosse draperie, et on l'apprête.

Fouler, c'est faire battre l'étoffe dans des foulons, avec des terres argilleuses, de la bouse de vache, des crotins de mouton, de la fiante de cochon, de l'urine, du savon, etc.

Les draps sont ensuite cardés, tondus, ramés, époutillés, couchés et pressés.

Ramer, c'est étendre fermement le drap.

Epoutiller, c'est retirer les ordures et faire les reprises.

Coucher les draps, c'est les mettre sur une table pour les brosser.

La petite draperie a un nombre considérable de variétés, telles que camelot, baracan, étamine, tamis, serges, calmande, prunelle, turquoise, silésie, etc. etc.

Ces étoffes, après le tissu, qui est extrêmement varié, sont débouillies, lissées, épluchées, grillées, pressées.

Les étoffes de toile sont faites de chanvre, lin et coton.

Les chanvres se récoltent à deux époques différentes; d'abord, on cueille les mâles improprement appelés les femelles; ensuite, on ceuille les seconds, lorsque le grain est mûr.

On lie les brins de chanvre en paquets, et on les met rouir dans l'eau. On le laisse plus ou moins long-temps dans l'eau, en raison de la température.

Retiré de l'eau, on le laisse sécher et on le tille; après quoi on le peigne et on le file.

Filé, il se pose sur des métiers comme la laine, et on le tisse comme le drap.

Le lin cultivé jusqu'à présent en France, est le lin annuel; il en existe un vivace dont la production est plus abondante, et que l'on commence à cultiver.

Le lin cueilli se rouit, se sèche, se broie, se peigne ou s'explade, et se file.

Le coton vient des pays chauds : ce n'est pas une production française, quoique quelques expériences faites avec succès fassent espérer la possibilité de le cultiver dans les parties méridionales de la République.

Le coton vient dans une coque qui croît sur un arbrisseau que l'on nomme cotonnier; il sert d'enveloppe à la graine qui est dans cette coque.

A sa maturité, la coque s'ouvre ; on la cueille, on en retire le coton, et on sépare la graine à laquelle il adhère.

Dans cet état, il est mis dans des sacs et envoyé en France, où on le file et le tisse pour en faire des toiles ou des étoffes.

La fabrication des étoffes de laine, de chanvre, de lin, de coton et de soie, exige le concours d'un grand nombre d'arts différens.

Jusqu'à présent, les arts ont été singulièrement négligés, ils ont reçu peu de perfection.

Le peu de progrès et de perfectionnement qu'ils ont obtenu, est ou l'effet du hasard, ou le résultat des procédés apportés des nations qui nous environnent.

Il faut que la République française s'occupe du perfectionnement de ces arts, si utiles à l'humanité.

Il faut enfin que l'éducation républicaine soit dirigée vers cette partie si utile et si nécessaire.

Il faut une éducation particulière pour les arts, dans laquelle on enseigne les principes généraux, tels que,

L'art des projections.

Les élémens des machines ;

Les élémens de chimie ;

Les faits de physique applicables aux arts.

Il faut que cette partie de l'instruction soit générale et applicable à tous.

Par ce moyen, les républicains pourront perfectionner les arts qu'ils exerceront, et ne donneront rien au hasard dans leur perfectionnement ; ils rejetteront de suite tous les procédés inutiles et longs dont chaque art est surchargé.

Le charlatanisme sera renvoyé loin des arts ; ses ravages seront anéantis ; les arts français prospéreront, et la République française, composée d'hommes laborieux et instruits, sera la nation, où toutes les autres viendront à-la-fois puiser des lumières et les principes de la liberté, comme les peuples de l'antiquité alloient en Egypte chercher des connoissances.

DE LA TANNERIE.

L'ART de travailler les peaux des animaux, pour les rendre propres aux différents usages qu'elles ont dans les armées, peut être divisé en sept parties.

1°. . . . . Tanneurs,
2°. . . . . Corroyeurs,
3°. . . . . Hongroyeurs,
4°. . . . . Mégissiers,
5°. . . . . Chamoiseurs,
6°. . . . . Maroquiniers,
7°. . . . . Parcheminiers.

Le tannage est l'art de nettoyer, épiler, dégraisser, décharner un cuir, en faire sortir toutes les parties qui pourroient se corrompre, les remplacer dans l'intérieur par des matières incorruptibles qui le rendent dur et ferme.

Les cuirs peuvent être tannés en cuirs forts, et en cuirs mous.

Les cuirs qui peuvent subir la première opération, sont, les peaux de bœufs, de bufles, de chevaux; on les emploie à faire des semelles pour les souliers et bottes fortes, &c.

Les cuirs qui peuvent subir la seconde opération, sont les peaux de vaches, de veaux, de moutons, de chèvres; ils passent après le tannage dans les mains des corroyeurs, qui leur font éprouver un travail particulier, dont l'objet est de les amollir.

On emploie les cuirs mous à faire des empeignes de souliers, des empeignes et des tiges de bottes, des harnois de chevaux, &c.

Quelquefois on tanne des cuirs de bœufs en cuirs mous.

L'art de la tannerie a deux opérations distinctes.

1°. De préparer les cuirs.

2°. De les faire empreigner de tan.

Cette seconde opération est le tannage proprement dit.

La préparation des cuirs a pour objet de les nettoyer, et d'en retirer toutes les substances corruptibles, et de les faire gonfler.

Cette préparation se fait de trois manières différentes.

1°. . . . . Par la chaux.
2°. . . . . Par l'orge.
3°. . . . . Par le tan.

La préparation par la chaux est divisée en cinq parties.

1°. . . . . Lavage.
2°. . . . . Plainage.
3°. . . . . Dépilation.
4°. . . . . Travail des plains.
5°. . . . . Travail de rivières.

La première partie a pour objet de nettoyer les peaux, des saletés et du sang qu'elles contiennent.

Après leur avoir enlevé les émouchets, on les jette à la rivière on les y laisse 1, 2, 3, 4, etc. plus ou moins d'heures, et on les y lave.

La seconde partie, le plainage, a pour objet de préparer les peaux à abandonner le poil qui les couvre.

On les plonge pour cela dans des cuves pleines d'eau de chaux que l'on appelle plains.

On a des cuves qui contiennent de l'eau de chaux à différens degrés de force.

Après deux ou trois mois de travail dans les plains, lorsque les poils s'arrachent de la peau sans éprouver une trop grande résistance, et en laissant entendre un espèce de petit cri on dépile les peaux.

Dépiler les peaux, c'est leur arracher le poil par le moyen d'un couteau rond qui n'est pas tranchant, et après avoir étendu les peaux sur un chevalet.

Après la dépilation on lave les peaux ; on les passe dans de nouveaux plains, pendant l'espace de huit à neuf mois jusqu'à ce qu'elles soient entièrement finies, puis on les lave et les décharne pour les tanner ensuite.

La préparation à l'orge, consiste à laver les peaux, les décharner, les mettre dans *les passemens*, les épiler et les remettre dans les passemens jusqu'à ce qu'elles soient préparées.

Le passement est composé de neuf à dix boisseaux de farine d'orge, délayée dans l'eau.

Pour faire *le passement*, on délaye un boisseau de farine dans de l'eau chaude ; on en fait une sorte de levain qui fait fermenter et aigrir le reste.

Les passemens sont chauds lorsque l'on y passe les peaux.

Après avoir passé les peaux dans *un passement blanc*, on les passe dans *un passement rouge*, composé de 200 liv. de tan délayé dans deux muids et demi d'eau, après quoi on les tanne ; ce travail dure environ trois mois.

La préparation au tan, autrement dit à la jusée, consiste à laver les peaux, les décharner, les faire échauffer et fermenter pour en ôter le poil ; quelques tanneurs rasent les peaux avec des faux pour éviter la fermentation, après quoi on passe les peaux dans des bains de jus de tan aigri ; puis on les tanne, lorsqu'elles sont préparées. Cette opération dure de six à neuf mois.

L'on tanne les cuirs préparés ; on les met dans des fosses avec de la poussière, dans une situation telle qu'ils en soient entièrement couverts.

On les retourne et on leur donne de nouveaux tans, trois fois dans l'année. On les fait sécher à l'ombre ; et après ce travail, les peaux peuvent être employées comme cuirs forts ; les autres se corroyent.

Corroyer un cuir, c'est le détremper, le refouler, le passer à l'huile, le mettre en suif, le teindre et le lisser.

Cette opération donne au cuir, du brillant, du lustre, de la couleur, de l'agrément et de la souplesse.

Pour cela, on les défonce, on les tire à la pomelle, on les étire, on les passe à la lunette, on les lisse, on les passe au suif.

Des expériences faites à Turin, sur la nature des cuirs, ont fait connoître que les peaux qui n'avoient point été tannées, produisoient beaucoup de colle, et que celles qui avoient été bien préparées et bien tannées, en produisoient peu ou point.

Elles ont prouvé encore que l'on retireroit, par l'analyse des cuirs tannés, du jus de tan.

De ces expériences il résulte :

1°. Que la préparation des cuirs pour le tannage, enlève aux peaux la substance propre à faire la colle, contenue dans leur intérieur.

2°. Que le tannage fait entrer du tan extrêmement fin dans l'intérieur des peaux, pour remplacer la gelatine que la préparation à enlevée.

L'expérience a appris que de l'eau à 54 degrés dissolvoit toute la matière propre à faire de la colle contenue dans les peaux, qu'à 50 dégrés cette dissolution ne se faisoit pas. Qu'à 65 degrés on dissolvoit la peau entièrement.

L'expérience a encore appris, qu'en plongeant des cuirs dans de la dissolution de tan à 54 degrés, le tan se déposoit dans l'intérieur des cuirs.

Elle a appris de plus, qu'en plongeant des cuirs tannés dans des bains de suif ou de graisse à 54 degrés, la graisse ou le suif se déposoit dans l'intérieur des cuirs, et les rendoient imperméables à l'eau.

Des ces expériences en est résulté un nouveau procédé pour tanner les cuirs en très-peu de tems, et les obtenir meilleurs que ceux qui ont passé deux ans dans les plains et le tan.

Qu'il ne falloit pour cela qu'avoir des chaudières de métal ou de bois, y maintenir de l'eau entre 50 et 60 degrés, y plonger des peaux, renouveller souvent cette eau, pour qu'elle puisse plus facilement dissoudre de nouvelles matières, et laisser les peaux dans l'eau assez long-tems pour que toute sa gélatine soit dissoute.

Plonger les peaux ainsi préparées dans des chaudières pleines de dissolution de tan, dont la température soit de 50 à 60 degrés.

Plonger et retirer successivement ces peaux jusqu'à ce qu'elles soient assez pénétrées de tan.

Les passer dans une cuve de suif fondu, dont la température soit la même que la précédente.

Comme les cuirs, après ces opérations, sont poreux, très-épais et souples, on les rend plus ou moins durs ou fermes, en les passant entre deux cylindre, et en écartant ces deux cylindres plus ou moins.

C'est ainsi que l'on peut perfectionner l'art de tanner les cuirs, en le dirigeant vers le point direct où l'analyse conduit naturellement, et que l'on parvient à faire en huit jours un travail qui exige ordinairement deux ans.

L'hongroyerie consiste à préparer les cuirs avec de l'alun et du suif.

Ce travail diffère de la tannerie, en ce que l'on ne retire rien des cuirs, que toutes les parties susceptibles de se corrompre y restent, et ne sont maintenues dans un état incorruptible que par l'alun que l'on y fait pénétrer.

Le suif sert à donner aux peaux de la souplesse.

On met le suif dans une étuve.

La mégisserie est l'art d'apprêter les peaux en blanc.

Les peaux mégissées sont celles de moutons, d'agneaux et de chevraux.

Les opérations de la mégisserie sont l'enchaussenage et le pélage des peaux, le travail des rivières, le confit, le passage des peaux, et le redressement.

Les mégissiers font des peaux pelées et des peaux non pelées.

On enchausse les peaux avec de la chaux.

On pèle sur un chevalet avec un bâton rond.

On confit les peaux avec du son et de l'eau que l'on fait un peu aigrir,

Le passage se fait dans de l'eau d'alun.

Le travail des peaux non pelées diffère de l'autre, en ce que l'on n'enchaussenage et l'on ne pèle pas les peaux.

La chamoiserie a pour objet d'adoucir, d'assouplir les peaux, et de les colorer.

Le chamoiseur enchaussenage les peaux, les pèle, les travaille à la rivière, les passe à la chaux, à l'orge ou au tan, leur donne de l'huile, les passe au moulin, les dégraisse.

L'art du chamoiseur et celui du mégissier se confondent jusqu'après le travail des plains, le passage en chaux, la dépilation, le lavage.

Ils diffèrent en ce que les peaux sont passées à l'huile et passées en blanc.

Le chamoiseur apprête aussi les peaux de buffle.

Le maroquin est une peau de chèvre ou de bouc, passée à la chaux, coudrée, mise en couleur, tirée à la pommelle.

Il paroît que le nom de maroquin vient de Maroc.

Chagriner une peau, c'est donner à une peau d'âne, de cheval ou de mulet une préparation qui la graine, qui la couvre de petites éminences.

On fait deux sortes de chagrin: chagrin naturel, chagrin artificiel. Le premier se fait avec de la graine de moutarde, le second avec une planche de cuivre percée de trous.

Le parchemin est une peau trempée, lavée, mise en chaux, surtondue, pelée, unie dans ses plains, prochée sur la herse, écharnée, raturée, poncée.

Toutes les autres préparations et travail des peaux sont des dépendances des arts que l'on vient de décrire.

DE L'HABILLEMENT.

La nudité de la peau des hommes, l'intempérie des saisons, l'action continuelle ou variée du froid et du chaud, les a déterminés de bonne heure à s'occuper des moyens de se vêtir.

Il est probable que, dans l'origine, des peaux d'animaux, sans autre travail, ont été leurs premiers vêtemens.

Mais ces peaux ne couvroient que des parties séparées du corps, ne conservoient point la chaleur qui se dégageoit ; et, dans les régions froides de la terre, ces peaux seules, sans autre travail, étoient un foible abri.

On a voulu couvrir toutes les parties du corps pour les préserver toutes du froid ; on a réuni plusieurs peaux ensemble : on a donné à ces réunions des formes dépendantes de celle de l'homme, et l'on a formé un habillement propre à préserver du froid.

L'habit originaire de presque tous les habitans des pays froids, est un pantalon serré, après lequel les souliers tiennent, un gilet serré, surmonté d'un capuchon, pour couvrir la tête, contenant en outre des manches et des gants pour préserver les bras et les mains.

Ces habits étoient de peau : les uns ayant le poil en dehors, les autres ayant le poil en dedans, les autres étoient doublés et avoient le poil en dehors et le poil en dedans.

En examinant avec attention la forme et la nature de l'habillement originaire des pays froids, on voit avec satisfaction pour l'espèce humaine, qu'il étoit impossible de le construire d'une manière plus propre à préserver complettement du froid, et à conserver la chaleur du corps.

La respiration, la consommation de l'oxigène, par cette respiration, détermine dans toute la circulation un dégagement continuel de chaleur qui se porte aux extrémités, et qui donne là un sentiment particulier.

Cette chaleur externe est ordinairement à 32 degrés du thermomètre de Réaumur.

Toutes les fois qu'un individu nud est dans un milieu plus froid, ou touche un corps plus froid que cette température, il éprouve le sentiment du froid.

Toutes les fois, au contraire, qu'il est dans une température plus élevée, ou qu'il touche un corps plus chaud, il éprouve le sentiment de la chaleur.

Il falloit donc que dans les pays froids les habitans eussent un habillement tel que la température extérieure ne pût pas les toucher.

Il falloit, pour cela, avoir un habit tel que l'air ne puisse pas pénétrer à travers pour venir toucher la peau, qu'il ne puisse pas établir de circulation entre la chair et l'habit. Le pantalon et le gilet fermé, faits de peau, remplissent ce double objet.

1.° Parce que la peau est de toutes les étoffes la plus imperméable à l'air.

2.° Parce que la forme de l'habit ne laisse entre le corps et l'habit aucun espace vuide.

Il falloit encore remplir une nouvelle condition : c'est que le froid extérieur ou la chaleur intérieure ne puisse pas pénétrer à travers l'étoffe ; c'est-à-dire ; que la matière de l'habillement fût assez peu conductrice de la chaleur, pour qu'elle puisse sortir facilement du dehors au dedans.

De toutes les matières propres à l'habillement, il n'en est pas qui soit moins conductrice que la peau couverte de poil.

Pour donner l'exemple d'un extrême opposé, si les habitans des pays froids se fussent habillés de fer, quelqu'ermétiquement fermées qu'ussent été toutes les parties de l'habillement, jamais il n'auroit préservé du froid, parce que le fer, très-conducteur de la chaleur, auroit toujours été disposé à établir un équilibre de température entre l'extérieur et l'intérieur de l'habillement.

La température habituelle des pays chauds s'élève peu souvent au-dssus de 32 degrés, conséquemment au-dessus de la température des parties extérieures de l'homme : plus souvent elle est au-dessous.

Les habitans des pays chauds ne devoient donc point desirer d'avoir des vêtemens pour se préserver de la température.

Mais ils avoient un désagrément à supporter, c'est l'effet direct des rayons du soleil, constamment dirigés sur le corps ; il falloit qu'ils aient une forme d'habit propre à les préserver de ce désagrément, et ils imaginèrent la tunique et le manteau.

Cet habillement préserve le corps de l'effet des rayons du soleil, et laisse à l'air la liberté de circuler librement entre le vêtement et la peau, et porter sur cette partie du corps humain le sentiment de la fraîcheur.

Les habitans du Nord devoient être nécessairement actifs et travailleurs ; le froid du climat les y obligeoit, et leurs habits faits de manière à ne gêner aucun mouvement, étoit un des plus propres pour le travail.

Les habitans du Midi, affaissés sous la chaleur de leur climat, devoient être plus penseurs qu'actifs ; ils devoient avoir peu de travail de corps, et leur habillement est incommode pour ces derniers travaux.

Lorsque du Midi au Nord les hommes se sont répandus sur toute la surface du globe, ils ont apporté par-tout leurs habits et leurs habitudes.

Aussi trouve-t-on que les hommes laborieux, travaillant du corps, avec des mœurs un peu sévères, ont le costume du Nord.

Au contraire, les Nations plus exercées aux opérations de l'esprit qu'à celles du corps, ont adopté le costume du Midi.

L'habit français, le vêtement de ce peuple spirituel, aimable, laborieux, amant passionné de la liberté, est comme son caractère, un composé des habits du Nord et du Midi, qui a éprouvé des variations successives, en raison des changemens que l'on a apporté dans ses mœurs et dans ses habitudes.

Les femmes, ce sexe charmant, exclus des travaux pénibles, occupées sans cesse du soin de leur ménage, de donner une bonne éducation à leurs enfans, de les former à la vertu, de plaire à leurs époux, de diminuer le poids de leurs travaux par leurs soins assidus et le charme de leur société, les femmes françaises ont pour vêtement l'habit du midi, avec des variations applicables à leurs mœurs et à leur caratère.

Dans chaque pays, dans chaque climat, pour chaque division de travail, il faut un vêtement d'une forme et d'une nature différente.

Le soldat est exposé à toute l'intempérie des saisons.

Ses travaux ordinaires sont la marche et le combat.

Il faut que son vêtement soit commode pour la marche, commode pour combattre, et propre à le préserver de l'intempérie des saisons.

Le soldat étant obligé de porter continuellement un fardeau, il faut encore que son habit favorise le port de son fardeau.

Le pantalon est une des parties de l'habillement la plus commode pour la marche.

Il faut y joindre de bons souliers, dont les quartiers soient très-hauts, liés avec des cordons.

Une demi-guêtre pour empêcher la poussière et le gravier d'entrer.

L'habit doit être léger croisé sur l'estomac, préservant les cuisses de la pluie et du froid, de longueur telle qui ne puisse porter aucun obstacle à la marche, et le relever s'il est trop long.

Il faut des cuirs sur les épaules pour poser les bretelles.

Comme les parties les plus exposées aux coups de sabre sont les épaules, il seroit bon que l'on mît des chaînes de fer sous le cuir.

DES MINES ET MÉTAUX.

Le globe de la terre est formé de terres et de pierres qui ont des caractères distincts.

Les sommités des montagnes alpines sont formées de granit, jaspe, porphyre, schiste, calcaire originaire, et autres pierres semblables.

A quelque profondeur que l'on fouille dans ces montagnes, dans les vallées de ces montagnes, on trouve toujours la même espèce de pierre, ce qui a fait conclure aux lythologistes que ces pierres étoient de formation primitive, et composoient la carcasse connue du globe.

Les directions et les inclinaisons des pierres de ces montagnes sont quelquefois constantes, d'autres fois variables dans la même montagne.

Les couches de pierres dont les directions et les inclinaisons sont constantes dans la même montagne, sont variables pour chaque montagne de la même chaîne.

En examinant ces pierres avec attention, on voit que les unes, les granits, sont formés de cristaux placés les uns à côté des autres par leur adhérence mutuelle, ce qui présente l'image d'une formation dans un liquide tranquille, semblable à celle des cristaux qui se déposent dans une eau chargée de dissolution de différens sels.

Les jaspes sont une masse de pierres silicées, homogène, qui présente l'image d'un dépôt uniforme sans cristallisation.

Les porphyres présentent l'image d'une pâte dans laquelle des cristaux ont été aglutinés, lorsque la pâte étoit molle; c'est une eau tranquille contenant des sels en dissolution, et dans laquelle on a délayé une terre fine susceptible de liant et d'union. Les cristaux formés dans la dissolution se sont précipités pendant que la terre suspendue se déposoit.

Les schistes sont des dépôts de terre par couches infiniment minces, comme celles qui se déposent encore de nos jours.

Tout donc dans les pierres primitives porte l'empreinte d'une formation sous une eau tranquille, quoique l'on ne trouve dans ces pierres aucun indice de coquillages et d'animaux.

Ces dépôts uniformes sur le globe formés sous des eaux tranquilles, doivent avoir donné une surface droite et unie ayant des couches horizontales.

Par-tout où l'on trouve aujourd'hui des masses de pierres primitives, on ne voit que des sinuosités considérables.

Elles constituent les sommets des hautes montagnes, les bases des vallées, et on les rencontre dans les plaines sous des couches très-profondes d'autres pierres.

Cette différence entre l'état où ces pierres ont dû être au moment de leur formation, et celui où elles sont aujourd'hui doit être la suite d'un dérangement ou d'un bouleversement particulier.

Deux causes peuvent l'avoir produit.

Un affaissement occasionné par des cavités intérieures.

Un soulèvement occasionné par des feux souterreins.

Ou ces deux causes réunies.

On a des exemples des secondes, dans les pays volcanisés ; dans ces îles volcaniques que l'on a vu sortir subitement du sein des eaux.

On a des exemples des premières, dans les montagnes qui se sont affaissées.

On trouve très-souvent, adossées contre ces masses des pierres primitives, des Grès, des Poudingues, des Brèches, des Schistes secondaires, des pierres calcaires.

Ces pierres sont formées de morceaux plus ou moins gros, de pierres primitives aglutinées entr'elles par un suc pierreux.

Ces caractères sont si saillans que l'on ne peut les méconnoître pour être de formation sécondaire.

Des vallées sont remplies de ces pierres. Par-tout où on les trouve, on peut, en les creusant plus ou moins profondément, parvenir à la pierre primitive qui leur sert de base.

On trouve souvent dans ces pierres des coquillages marins, des empreintes de plantes, souvent des fougères et des roseaux.

Ces signes font voir évidemment que ces pierres ont été formées sous les eaux, des débris plus ou moins gros des pierres primitives ; conséquemment que leurs couches devroient être horizontales.

Cependant, le plus grand nombre de masses de ces pierres ont des directions et des inclinaisons dont les variations sont infinies ; on distingue même des brisures des séparations dans la même masse. Et l'on voit souvent dans des masses séparées dont les couches ont des directions et des inclinaisons différentes, des rapports exacts et des continuations de couches semblables.

Il est évident d'après ces observations, que ces pierres secondaires ont aussi eprouvé un deplacement comme les premières.

Les plaines dans lesquelles coulent ces grands fleuves qui prennent naissance dans les montagnes, et qui vont se répandre dans la mer, sont formées pour la plupart, d'une pierre calcaire plus ou moins fine, dans laquelle on trouve enchassés des coquillages plus ou moins multipliés.

On y trouve encore de la marne, du grès à gluten calcaire, de l'argile, &c.

En creusant à travers ces pierres aussi profondément qu'elles se orolongent, on finit toujours par arriver ou à des pierres secondaires, eu à des pierres primitives : donc ces pierres sont déposées sur ces deux espèces : donc elles sont d'une formation plus moderne ; aussi les regarde-t-on comme de troisième formation.

Le dépôt de coquillage qu'elles contiennent, prouve qu'elles ont été formées sous les eaux ; et de nos jours, on voit encore de ces formations se continuer dans la mer.

Elles conservent encore assez généralement l'horizontalité de leurs couches ; cequi fait voir qu'elles n'ont point encore subi de bouleversement comme les autres.

Il existe une quatrième espèce de pierres ; c'est celle qui provient des volcans, et qui doit son origine à la vitrification des pierres.

Presque toujours cette pierre est posée immédiatement sur des pierres primitives ; cequi feroit croire que ces volcans, que ces brâsiers ardens, ont pris naissance dans les pierres primitives.

On voit d'après ces détails qu'il existe quatre espèces de pierres, quatre espèces de terreins bien distincts.

1°. Terrein primitif.

2°. Terrein secondaire.

3°. Terrein tertiaire.

4°. Terrein volcanique.

Les mines sont reparties dans tous les terreins, d'une manière différente, mais uniforme pour chaque espèce de terrein.

On trouve dans les terreins primitifs des mines de toutes espèces de métaux.

Un grand nombre sont en couches qui suivent les directions et les inclinaisons des pierres, des montagnes qui les contiennent ; on voit qu'elles sont d'une origine semblable aux pierres.

D'autres sont dans des cavités formées dans ces montagnes, quelques-unes paroissent être d'origine égale à la montagne ; d'autres semblent formées par les eaux qui ont traversé les pierres, et qui ont déposé les mines dans ces cavités.

Il est quelques mines dans des fentes ; celles-là sont d'une origine récente.

C'est dans les terreins secondaires que se trouvent les mines de charbon de terre et non dans d'autres.

Il est difficile de determiner leur origine.

Mais comme ces mines sont en couches, qui suivent en tout la direction et l'inclinaison des pierres qui les contiennent, tout porte à croire qu'elles sont formées en même temps que les pierres qui les contiennent.

On ne trouve dans les terreins tertiaires que des mines d'alluvions, c'est-à-dire, des mines provenant de la décomposition de celles qui sont contenues dans les pierres primitives.

Il paroît d'après la nature, la position et la situation des mines des terreins tertiaires, qu'elles ont été dissoutes par les eaux dans les terreins primitifs, entraînées et déposées dans les terreins tertiaires.

Les mines les plus abondantes et les plus communes dans ces terreins sont les mines de fer.

Les mines, en général, sont des oxides métalliques, quelquefois seules, d'autres fois combinées avec d'autres oxides ou avec des terres.

Toutes les mines ont des caractères généraux qui indiquent la nature du métal dominant, elles ont aussi des caractères particuliers qui distinguent chacune d'elles.

La connoissance des mines forme une science particulière que l'on nomme minéralogie.

La connoissance des minéraux est divisée en deux parties.

Connoissance des minéraux par les caractères extérieurs.

Connoissance des minéraux par l'analyse.

La seconde est la seule exacte; la première n'est positive que dans quelques cas.

La forme cristaline régulière et constante que plusieurs mines et pierres affectent, a donné lieu à une science particulière, connue sous le nom de cristallographie.

La métallurgie est l'art d'extraire les métaux des mines qui les contiennent, et de les séparer les uns des autres, lorsque plusieurs sont mêlangés ensemble.

Comme presque toutes les mines sont des oxides métalliques, que l'oxigêne peut être enlevé des métaux par le charbon, la première opération consiste à fondre les mines en les tenant dans un contact continuel avec le charbon.

Les terres se séparent des mines par la fusion; celles-ci fondues, étant plus légères que le métal, surnagent.

Quand les terres combinées dans les mines ne peuvent se fondre seules, on y mêle d'autres terres pour déterminer leur fusion.

Les métaux se séparent les uns des autres par la différence de leur fusibilité, de leur volatilité, et de leur calcinabilité. Quelques-uns se séparent en se refroidissant par défaut d'affinité, et par la différence de leur pesanteur spécifique.

Lorsque plusieurs métaux ont ces trois qualités dans des rapports à peu près semblables, on les fait fondre avec des métaux qui ont une de ces qualités très-prédominante, et qui peuvent entraîner avec eux l'un des métaux combinés.

L'art qui doit toujours précéder la métallurgie, c'est la docimacie.

L'essai des métaux se fait par la voie sèche et par la voie humide.

La première manière consiste à répéter en petit dans des creusets ce que l'on fait en grand dans des fourneaux, en métallurgie.

La seconde à dissoudre les métaux dans des acides, et les séparer les uns des autres, soit en employant des acides qui dissolvent quelques-uns d'entre eux et laissent les autres, soit en les précipitant séparément par de nouvelles combinaisons.

DE LA FABRICATION DES ARMES.

On peut diviser le travail de la fabrication des armes en deux parties ;

1.° Armes et parties d'armes fondues.

2.° Armes et parties d'armes forgées, &c.

Dans les armes fondues sont les canons, les obusiers, les mortiers, les pierriers.

Dans les parties d'armes fondues sont les boulets, les bombes, les obus, les balles de plomb.

Les armes et parties d'armes forgées sont les piques, les sabres, les fusils, carabines, mousquetons et pistolets.

Les canons se font de deux matières différentes : de fonte de fer, ou de bronze.

Les canons de fonte de fer ne sont employés que pour la marine ou sur les côtes.

Les canons de bronze sont d'usage dans les armées de terre.

Les obusiers, les mortiers, les pierriers, sont de la même matière.

Le bronze est un mélange de neuf parties de cuivre rouge, et d'une partie d'étain, fondues ensemble.

Le travail des canons, oubsiers, mortiers, pierriers, se divise en six parties :

1.° Moulage.
2.° Fusion.
3.° Coulage.
4.° Forage.
5.° Tournage.
6.° Percement de la lumière.

Le moulage se fait de deux manières, en terre et en sable.

Le moulage en terre consiste à tourner sur un axe un modèle de canon, obusier, mortier ou pierrier du calibre desiré, à mettre de la terre sur cet axe, jusqu'à ce que la forme soit exacte.

Le modèle séché, on tamise de la cendre dessus, on met plusieurs couches successives de nouvelle terre, on lie cette terre par des barres et des cercles de fer, et on laisse sécher le moule dans cet état.

On retire ensuite l'axe, on brise le modèle, et le moule reste.

On moule séparément le corps du canon et la culasse.

On ajuste la culasse au corps du canon, et l'on transporte le moule dans la fosse où l'on doit couler.

Pour mouler en sable, on a un modèle de la pièce à couler, divisé par tronçons.

Chaque tronçon a un chassis un peu plus large que le modèle.

On pose le tronçon au milieu du chassis, on met du sable dans l'espace qui les sépare, on bat bien le sable, on retire le modèle, on pose les chassis qui contiennent le sable, les uns au-dessus des autres, on les ajuste, les descend dans la fosse, et l'on coule.

Le cuivre et l'étain, soit séparés, soit réunis, se mettent dans un fourneau de reverbère pour y être fondus.

Les fourneaux de reverbère sont de deux sortes : fourneaux à bois, fourneaux à charbon de terre.

On emploie l'un ou l'autre en raison de la facilité d'avoir chaque espèce de combustible dans le lieu où les pièces se coulent.

Par devant le fourneau, vis-à-vis le trou par où l'on coule le bronze fondu, est une fosse pour descendre le moule.

Les moules en terre sont enterrés dans cette fosse.

Les moules en sable y sont posés simplement.

On fait une rigole du trou au moule. Lorsque le bronze est bien fondu, on perce l'ouverture avec un ringard ou un levier, la matière sort, entre dans la rigole, et tombe dans le moule.

On laisse le ringard ou le morceau de bois à l'ouverture du trou pour être maître de ne laisser sortir que la quantité de fonte que l'on veut.

Le canon refroidi, on le retire de la fosse, on casse le moule en terre; on défait le moule en sable; il est porté ensuite à la forerie.

Il y a deux sortes de foreries : forerie verticale, et forerie horizontale.

Chaque forerie peut aller en faisant tourner le foret et avancer le canon, ou en faisant tourner le canon et avancer le foret.

L'espèce de forerie en usage actuellement, est la forerie horizontale, le canon tournant.

La machine qui fait tourner le canon, peut être mue par des chevaux, par l'eau ou par des machines à feu; ces trois moyens sont employés dans la république.

Par-tout où l'on trouve un courant d'eau, on se sert de ce moteur.

Là où il n'y a pas d'eau, et où le combustible est commun, on se sert des machines à feu.

Le tour sur lequel on tourne le canon à l'extérieur, est un tour à deux pointes ordinaires, entre lesquelles le canon est mû par des hommes ou par l'eau.

Deux roues, l'une fixée sur le canon, l'autre tournée par une manivelle font tourner le canon.

La lumière se perce avec un foret après avoir déterminé son emplacement et sa direction.

On pose des grains dans l'endroit où est la lumière.

C'est un morceau de cuivre rouge écroui, qui se met à vis dans l'emplacement de la lumière, lorsque l'ancienne est trop agrandie.

Les canons, obusiers, mortiers, etc. sont éprouvés avant d'être reçus. L'épreuve consiste à examiner l'intérieur du canon, et s'assurer qu'il ne contient pas de gerçure; à tirer le canon avec double boulet et charge et demie de poudre;

A s'assurer ensuite que le métal n'est point porreux.

Les boulets, les obus, les bombes, sont de fonte de fer; ils se coulent dans des moules séparés ; la fonte se prend avec une cuiller dans le creuset du haut-fourneau.

Les boulets sont pleins, les obus et les bombes sont vuides pour les charger de poudre, et les faire éclater lorsqu'ils sont lancés.

On rebat les boulets après les avoir coulés.

Les balles de plomb se coulent dans des moules. On coupe le jet et on les roule sur elles-mêmes pour les unir.

Les balles de fer battu se font de fer raffiné, forgées et arrondies dans des matrices.

Les lames de sabre sont faites d'une étoffe composée de fer et d'acier.

On forge la lame sur des matrices, on la trempe et la pose sur le moule.

Il faut aux lames de sabre deux qualités : être pliantes, et revenir sur elles-mêmes.

Si les lames de sabre étoient de fer, elles plieroient, mais conserveroient leur forme après le pli.

Si les lames étoient toutes d'acier, elles casseroient et ne plieroient pas.

En les composant de fer et d'acier, elles participent des deux qualités de ces substances.

Avant de recevoir les lames de sabre, on les éprouve.

L'épreuve consiste à faire plier la lame, pour s'assurer de l'égalité de son épaisseur.

A frapper la lame contre un billot, pour s'assurer de sa solidité et de son élasticité.

Après l'épreuve, on monte la lame.

La garde est de cuivre jaune fondu, plié, limé et ajusté.

Le fourreau est de cuir ou de bois recouvert de cuir, et garni de cuivre au bout et à l'embouchure.

La forme du fourreau, celle du sabre, dépendent de l'arme à laquelle il est destiné.

Les fusils sont composés de quatre parties distinctes,

1.° Canon.

2.° Platine.

3.° Pièces de la garniture.

4.° Bois du fusil.

Le travail de fusil se distribue, dans les manufactures, à onze sortes d'ouvriers.

1.° Canonniers.

2.° Foreurs de canons.

3.° Emouleurs de canons.

4.° Garnisseurs de canons.

5.° Platineurs.

6.° Forgeurs et limeurs de garnitures.

7.° Forgeurs de baïonnettes.

8.° Foreurs de baïonnettes.

9.° Tourneurs de douilles de baïonnettes.

10.° Emouleurs de baïonnettes.

11.° Monteurs et ajusteurs de fusils.

Le canonnier reçoit des forges les lames à canons, toutes forgées; ils les plie, les soude de manière à former un tube dont l'épaisseur soit la plus égale possible.

Le foreur passe dans l'intérieur du canon plusieurs forets, afin de l'unir et le mettre de calibre.

Les forets sont mus par l'eau : on peut les mouvoir à bras d'homme, par des chevaux, ou par une machine à feu.

Les émouleurs passent l'extérieur du canon sur de grandes meules, afin de les dresser et d'égaliser leur épaisseur.

Les garnisseurs dressent la culasse du canon, la taraudent, et placent à cette extrémité une vis qui ferme cette partie.

Ils percent la lumière et soudent des tenons pour contenir la baïonnette.

Les canons sont éprouvés.

L'épreuve se fait avec doubles balles, et charge et demie de poudre.

Les platineurs forgent, liment et ajustent toutes les pièces de la platine.

Jusqu'à présent il étoit d'usage dans les manufactures de faire tout ce travail à bras d'hommes ; aujourd'hui on substitue aux bras, dans beaucoup d'endroits, des moutons et des balanciers.

Par ce moyen, le produit du travail en est considérablement augmenté, et les pièces obtenues sont identiques.

Les forgeurs de garnitures forgent séparément toutes ces pièces, et des limeurs les liment.

Plusieurs fusils ont les pièces de garniture, la baguette exceptée, en cuivre jaune. Cette méthode est plus accélérante.

Dans quelques endroits les pièces de la garniture se travaillent en manœuvrerie, comme celles de la platine, c'est-à-dire, qu'elles se frappent au mouton dans des matrices, et se découpent au balancier.

Le forgeur de baïonnette forge séparément la douille qu'il fait avec du fer, la lame qu'il fait avec de l'acier, et la remet au foreur qui unit et calibre l'intérieur de la douille avec un foret mû par l'eau.

Le tourneur tourne la douille, et un limeur finit la douille, et la partie qui l'unit à la baïonnette.

L'émouleur émout et finit la lame.

Toutes les pièces du fusil finies sont remises avec le bois aux monteurs et ajusteurs.

Ils découpent le bois, encastrent le canon, la platine et toutes les pièces, les ajustent, montent le fusil, et le rendent propre à s'en servir.

Les mousquetons, les pistolets se fabriquent comme le fusil, à la différence près dans la proportion des pièces.

La carabine en diffère en ce que le canon est rayé dans l'intérieur pour donner à la balle une direction plus exacte et une portée plus grande.

Il n'y avoit au commencement de la révolution que quatre fabriques d'armes dans tout l'intérieur de la république, savoir : Charleville, Tulle, Saint-Etienne, Maubeuge.

Il n'y avoit qu'une seule fabrique de sabres, Klingenthal.

Ces fabriques pouvoient fournir à elles seules 60 ou 80 mille fusils par an.

Les besoins de la République étoient extrêmes, il falloit des armes pour armer les bras des valeureux défenseurs.

La convention a décrété qu'il en seroit fabriqué 1,000 par jour, 365 mille par an.

Aussitôt le génie de la Liberté a créé des canonniers, des foreurs et émouleurs, des garnisseurs, des platineurs, des forgeurs et limeurs de garnitures, des monteurs et ajusteurs de fusils, et la fabrication de toute la République passe la quantité exigée par le décret.

C'est ainsi qu'un peuple libre sait vaincre tous les obstacles lorsqu'il s'agit de la défense de sa liberté.

DU SALPÊTRE ET DE LA POUDRE.

Le salpêtre est une combinaison d'acide nitreux et de potasse.

La potasse est une substance simple.

L'acide nitreux est un composé d'eau, de gaz oxigène et de gaz azote.

Le salpêtre se rencontre tout formé dans un grand nombre de terres.

Il se trouve sous forme de salpêtre proprement dit, et quelquefois sous forme de nitrate calcaire et de nitrate de magnésie.

On trouve souvent le salpêtre en poudre fine éfleurie le long des murs d'anciens bâtimens; d'autres fois dans des cavités.

Dans cet état, il se nomme salpêtre de houssage.

Les cavités sur les parois desquelles on trouve du salpêtre, et sur lesquelles il s'en forme à mesure qu'on le retire, se nomment nitrières naturelles.

On fait aussi des nitrières artificielles; ce sont des terres amoncelées sur la surface desquelles le salpêtre se rassemble, et qui se rassemble de nouveau, après avoir enlevé celui qui y étoit d'abord.

La plupart des terres des maisons habités, contiennent du salpêtre en plus ou moins grande quantité.

On en trouve dans le sol des caves, dans celui des étables, des écuries, des bergeries.

Les platras, les décombres des maisons bâties avec de la pierre calcaire, contiennent aussi du salpêtre.

Tout l'art du salpêtrier, consiste à retirer le salpêtre de ces terres, de ces décombres.

Comme le salpêtre est soluble dans l'eau, que les terres, les pierres ne le sont pas, on voit que la première opération consiste à laver les terres dans des tonneaux, et à recevoir cette eau qui doit contenir le salpêtre.

Mais l'eau dissout à la fois deux sortes de salpêtres;

Salpêtre à base de potasse, et salpêtre à base terreuse.

Très-souvent même les terres ne contiennent que ce dernier.

Le salpêtre à base terreuse n'est point propre à faire de la poudre; il faut donc lui changer sa base.

L'acide nitreux ayant plus d'affinité avec la potasse qu'avec les terres calcaires et de magnésie, on obtient du salpêtre en mettant de la potasse dans le nitre à base terreuse.

La potasse s'obtient en brûlant des plantes, du bois, des substances végétales, en lessivant les cendres, et faisant évaporer la lessive.

Ce qui reste se nomme salin.

En le faisant sécher dans un fourneau de reverbère, le résultat obtenu se nomme potasse.

Cette potasse est une des plus pures de celle du commerce.

Les salpêtriers au lieu d'employer de la potasse qui exige plusieurs opérations avant de l'obtenir, employent tout de suite la cendre qui la contient.

Toutes les cendres sont bonnes, même celles des ménages, parce que toutes contiennent de la potasse en plus ou moins grande quantité.

On peut encore se servir d'eau de lessive quand le linge a été lessivé avec de la cendre.

Les salpêtriers mêlent donc avec de la cendre, les platras, les terres qu'ils doivent lessiver, ils mettent ces deux substances couches par couches.

La proportion de la cendre avec les terres ou platras dépend :

1°. De la quantité de salpêtre contenue dans les platras;

2°. De la proportion de nître à base terreuse.

3°. De la proportion de potasse dans les cendres.

Lorsque l'on a lessivé les terres mêlangées de cendres, on les fait évaporer; on sépare de la lessive le sel marin qui se précipite, et lorsque la dissolution est assez rapprochée, on la verse dans des vases où elle se refroidit.

Il se forme des cristaux au fond du vase pendant le refroidissement de la chaudière, ces cristaux sont du salpêtre de première cuite.

On décante la liqueur que l'on appelle eau-mère, et on laisse égoutter le nître.

Égoutté, on lave le salpêtre, on laisse séjourner dessus et pendant quelque tems l'eau de lavage; on laisse couler cette eau, qui a délayé l'eau-mère restante, et dissous le sel marin et le nître à base terreuse contenus dans le salpêtre.

On dissout de nouveau ce salpêtre dans très-peu d'eau; on verse la dissolution bouillante dans un cristalisoire, en passant la liqueur à travers un filtre; il se dépose du salpêtre pur.

Ce salpêtre est retiré, puis égoutté, séché et porté à la poudrerie.

La poudre se fait avec une combinaison de salpêtre de charbon et de soufre.

La proportion commune est :

Salpêtre. . . . . 6 parties.
Soufre. . . . . 1 partie.
Charbon. . . . . 1 partie.

On se sert de plusieurs procédés pour faire la poudre.

Le procédé ancien consistoit à mêlanger les trois matières, mettre le mêlange dans des mortiers, et les y faire battre pendant vingt-quatre heures.

Les mortiers contenoient vingt livres de composition.

Dans quelques endroits on broyoit les matières, sous une meule de pierre horisontale, qui tournoit sur un grand plateau.

La poudre broyée se portoit au grainoir.

Grainer, c'est mettre la poudre sur un crible de peau; un tourteau de bois de dix pouces de diamêtre et d'un pouce d'épaisseur par-dessus celui-ci, frotte circulairement et arrondit la poudre, tandis qu'elle passe à travers le crible; on la repasse de nouveau, dans un tamis de crin, sur lequel restent les plus gros grains, qui finissent de s'y arrondir.

On fait sécher la poudre avant de s'en servir.

La poudre s'éprouve dans des éprouvettes de poche ou dans des mortiers avec des bombes.

Cette seconde est la plus générale.

La portée exigée est de cent toises.

La portée moyenne de toutes les poudres de la République, est de cent vingt-toises.

La consommation de poudre par toutes les armées de la République est énorme.

La quantité qui se fabriquoit n'alloit pas à plus de huit mille livres par jour, deux cens quarante mille par mois, trois millions par an.

La poudre alloit manquer, les magasins se vuidoient, les armées en demandoient de toutes parts.

La Convention a exigé que l'on fabriquât de nouvelle poudre; elle mit à contribution le génie des Républicains. On a imaginé de nouveaux procédés; on a publié une méthode simple et facile de fabriquer du salpêtre. On a fait à Paris, plusieurs cours révolutionnaires; on a appellé des citoyens de tous les districts, pour assister à ces cours.

Aussitôt on a vu se former des ateliers révolutionnaires de salpêtre, dans toutes les parties de la République : toutes les communes mettent à ces travaux, tout le zèle que les besoins des armées exigent d'elles; le salpêtre afflue de toutes parts aux raffineries.

La Convention a établi des raffineries, des poudreries révolutionnaires ; elle a mis à leur tête des Représentans du peuple, pour en surveiller la direction, et aujourd'hui les poudreries fournissent dans toute la République plus de cinquante milliers de poudre par jour, dix-huit millions par an.

C'est ainsi que le génie des Républiques sait tout créer pour leur défense, rien ne lui résiste ; et des arts qui paroissoient être le partage de quelques hommes éclairés, deviennent communs à tous les Républicains, lorsque le salut public l'exige.

Tremblez tyrans, fuyez esclaves, les Républicains savent aussi bien fabriquer la foudre, qu'ils savent la diriger contre vous, et vous détruire.

DES COMMISSIONS EXECUTIVES.

Après la révolution du 10 août, on forma un conseil exécutif provisoire, qui fut chargé de l'exécution de toutes les loix.

Le conseil exécutif étoit composé de six ministres.

1°. De la guerre.

2°. De la marine.

3°. De l'intérieur.

4°. Des affaires étrangères.

5°. Des contributions publiques.

6°. De la justice.

Ces ministres devoient se réunir tous les jours dans un lieu qui leur étoit destiné près des séances de la Convention.

Là, ils devoient délibérer sur les mesures générales, dépendantes des différens ministères.

Chaque ministre étoit chargé, sous sa responsabilité, des objets dépendans de sa division, et soumettoit au conseil ceux qui exigeoient l'assentiment de la majorité.

Dans l'origine, le conseil exécutif pourvut à une partie des besoins de chaque division; mais bientot ce moyen, sans force, sans influence, diminua, et il ne pût rien faire.

Organisé à peu de chose près sur les bases de l'ancien ministère, il ne pouvoit marcher qu'autant que le reste de son impulsion pouvoit subsister.

La guerre, principalement, étoit surchargée; il étoit impossible qu'un seul homme pût avoir une tête assez vaste, et des forces physiques assez considérables pour assurer tous les approvisionnemens de 1,200,000 combattans, nommer à toutes les fonctions, et diriger les armées. Il étoit impossible que l'on pût exiger de lui aucune responsabilité.

Quand le hasard auroit procuré cet homme surnaturel, la force d'opinion, la seule avec laquelle on peut gouverner dans une république, la force d'opinion étant détruite, il falloit tout renouveller.

La Convention en a senti la nécessité ; et, le 12 germinal, elle a décrété la suppression du conseil exécutif provisoire, et la création de douze commissions chargées, sous la surveillance du Comité de Salut public, de toutes les mesures ordonnées par les loix déjà existantes, par la Convention et par les arrêtés des Comités de Salut public et de Sureté générale.

Ces Commissions sont :

1°. Commission des Administrations civiles, de police et tribunaux.

2°. Commission de l'Instruction publique.

3°. Commission de l'Agriculture et des Arts.

4°. Commission de Commerce et Approvisionnemens.

5°. Commission des Travaux publics.

6°. Commission des Secours publics.

7°. Commission des Transports et Messageries.

8°. Commission des Finances.

9°. Commission de l'organisation et des mouvemens des armées de terre.

10°. Commission de Marine et des Colonies.

11°. Commission des Armes, Poudres, et exploitation des Mines.

12°. Commission des relations extérieures.

De toutes ces commissions, six seulement sont chargées de la fourniture des approvisionnemens des armées ; conséquemment de l'Administration militaire ; ce sont :

1°. La Commission de Commerce et Approvisionnemens.

2°. La Commission des Travaux publics.

3°. La Commission des Secours publics.

4°. La Commission des Transports et Messageries.

5°. La Commission des Finances.

6°. La Commission des Armes et Poudres.

La Commission de Commerce et Approvisionnemens est chargée de pourvoir les armées de pain, viande, vinaigre, eau-de-vie, fourrages, effets d'habillement, d'équipement, campement et casernement;

D'acheter les grains, bœufs, boissons, fourrages, laines, draps, toiles, cuirs, que ces approvisionnemens exigent;

De faire tuer, couper, distribuer la viande, faire, cuire, distribuer le pain, de faire distribuer les boissons, les fourrages;

Faire confectionner les effets d'habillement, d'équipement, de campement et casernement, soit par des entrepreneurs, soit dans des ateliers nationaux;

Plus souvent par le premier que par le second moyen.

C'est cette commission qui a procuré sur ces objets, les détails qui ont été présentés dans les premières leçons.

La Commission des Travaux publics est chargée des fortifications, des travaux défensifs des frontières, des édifices militaires, de la construction des chemins.

La Commission des Secours publics est chargée de l'administration des hôpitaux militaires et des invalides.

La Commission des Transports a la direction de tous les transports des armées, la nomination de tous les employés; elle exige infiniment de détails et de surveillance.

La Commission des Finances fait payer le prêt aux troupes, ainsi que toutes les dépenses nécessitées par les armées; elle paye aussi les dépenses que font les autres Commissions.

La Commission des Armes et Poudres est chargée de la fabrication de toutes les armes employées dans les armées, des fusils, des sabres, des canons, du salpêtre et de la poudre;

De passer les marchés avec tous les ouvriers, et de prendre des mesures pour assurer leurs approvisionnemens.

Elle est chargée aussi, des réparations et répartitions.

C'est de l'intelligence, de l'activité, de l'économie de toutes ces commissions et de chacune en particulier, que dépend une partie du succès des armées.

Le grand et premier art des administrateurs, est de savoir s'environner d'hommes capables, et en état de les seconder.

Quelle que soit l'activité, l'intelligence d'un chef, il ne peut faire tout, seul : il lui faut des coopérateurs ; c'est donc du choix de ces coopérateurs que doit dépendre le résultat auquel il aspire.

Cette vérité a été trop long-temps inconnue.

L'avilissement et la bassesse, la flatterie, le charlatanisme, procuroient seuls les places, sous le règne des rois.

Il faut, sous le règne de la liberté, que ce soit le talent, les lumières, la vertu et l'amour sacré de la République qui les obtiennent.

DES MAGASINS.

Les Magasins militaires sont de vastes bâtimens destinés à conserver les munitions de guerre.

Il en est pour chaque administration en particulier ;

1°. Pour le pain.

2°. Pour la viande.

3°. Pour les vins, vinaigres et eaux-de-vie.

4°. Pour les fourrages.

5°. Pour les effets d'habillement, d'équipement et de campement.

6°. Pour les effets de casernement.

7°. Pour les hôpitaux.

8°. Pour l'artillerie.

9°. Pour les fusils et sabres.

10°. Pour la poudre.

Chaque espèce de ces magasins est divisée en deux classes :

Magasins dans les places,

Magasins pour les armées.

Les premiers sont fixés dans les places fortifiées ; ils contiennent les approvisionnemens nécessaires pour que la place puisse résister un tems fixe et déterminé, au blocus des assiégeans.

Les seconds sont variables, et dépendent de la position des armées, de leur nombre, du pays où l'on fait la guerre.

Les magasins pour les subsistances, les effets d'habillement, les hôpitaux, l'artillerie, l'armement, doivent être placés dans des lieux secs et à l'abri de toute humidité.

Les magasins à poudre doivent, en outre, être à l'abri du feu, des boulets et des bombes.

Les armées, quelle que soit leur position, doivent avoir près d'elles, c'est-à-dire, à une petite distance, des magasins en quantité assez considérable, pour fournir aux objets de première nécessité.

Ces magasins portent le nom de magasins en première ligne.

Il doit y avoir d'autres magasins en seconde, en troisième, en quatrième ligne.

Ceux-ci sont destinés à approvisionner les premiers, à mesure que l'on distribue aux soldats les matières qu'ils contiennent.

L'art de poser les magasins est encore un de ces arts difficiles qui exigent des connoissancas de géographie et de l'art militaire.

Le meilleur seroit que celui qui dirige la marche des armées et le plan de la guerre, fut aussi chargé de déterminer la position des magasins.

Il faut, dans la position des magasins, deux conditions essentielles :

Qu'ils soient à l'abri de toutes les tentatives des ennemis ;

Qu'ils soient à portée de fournir à tous les besoins des armées, quelle que soit leur position.

Il faut, si, après une bataille, un combat, on est obligé de prendre sa retraite, d'abandonner son camp, que quelle que soit la retraite que l'on fasse, les magasins soient toujours préservés.

Si la retraite que l'on a à faire exige que l'on parcoure un grand espace, que l'on dépasse même la première, la seconde ligne des magasins, avoir l'attention de faire évacuer les magasins, avant que l'ennemi ne puisse les atteindre, et former successivement de nouveaux magasins.

Si, au contraire, la victoire suit le combat ou la bataille, que l'armée avance, il faut faire avancer les magasins de la même manière, et leur faire prendre des positions successives, en raison du nouveau terrein que l'on occupe.

Comme les magasins sont les ressources des armées, et sont en quelque sorte le nerf de la guerre, il faut qu'ils soient soignés et défendus avec autant de soin que les autres postes des armées.

Très-souvent on se sert des places de guerre, des places fortes, pour placer les magasins.

Ce moyen est bon, lorsque les places sont en arrière de l'armée et à une certaine distance, parce que là ils sont à l'abri de tous les coups de main.

Lorsque l'on porte le théâtre de la guerre dans le pays ennemi, il faut redoubler de soins et de précautions, pour que les magasins à la proximité de l'armée, soient toujours approvisionnés des denrées et matières du pays; c'est un moyen de diminuer les subsistances de l'ennemi, et de prolonger les siennes.

Si une armée étoit constamment réunie, la théorie de la position de ces magasins dépendroit de la sienne seule.

Mais les mouvemens des armées qui cherchent à gagner l'avantage du terrein, à se mettre dans une position propre à forcer à accepter le combat ou à l'éviter, exigent que l'armée se divise souvent, et se divise dans des rapports dépendans des situation et des positions.

Ces divisions compliquent en quelque sorte la position des magasins, augmentent leur difficulté, et les soumettent à un plus grand nombre de chances.

C'est cette variation continuelle dans la marche des armées, dans leur position, dans leur division, à laquelle la position des magasins est soumise, qui doit faire desirer que la fixation, la position, la détermination des magasins soient faites par le général ou par celui qui dirige les armées.

Jusqu'à présent c'est le commissaire-ordonnateur qui est chargé de cette direction.

Pour qu'il la remplisse bien, pour que les magasins soient toujours dans une position favorable, il faut que le commissaire-ordonnateur prévoie, à l'avance, toutes les chances qui peuvent arriver à l'armée, et qu'il place les magasins dans la position la plus avantageuse pour pouvoir être constamment en mesure lorsqu'une quelconque des chances arrive.

L'art de la position des magasins est un de ceux qui est le plus analogue au jeu d'échecs ; et c'est en quelque sorte celui qui a été le moins connu et le moins bien pratiqué jusqu'à présent dans toutes les armées de l'Europe.

Car, il faut non-seulement que les magasins soient toujours à l'abri des incursions de l'ennemi ; que l'armée soit en repos ou qu'elle se retire, n'importe dans quelle direction.

Il faut non-seulement qu'ils puissent pourvoir à tous les besoins de l'armée, si elle marche en avant ;

Mais il faut encore que tous les services se fassent avec le moins de charrois, avec le moins de transports possible, quelle que soit la topographie du terrein.

DES COMMISSAIRES DES GUERRES.

Il y a deux sortes de Commissaires des guerres ;

Commissaires ordonnateurs,

Commissaires ordinaires.

Pour faciliter les travaux des Commissaires des guerres, on leur donne des aides.

Il y avoit autrefois dans les armées des intendans chargés de toute la partie administrative ; ces intendans ont été supprimés et remplacés par des Commissaires ordonnateurs.

On peut diviser en deux grandes parties toutes les opérations des armées.

1°. Direction, mouvemens, commandement des hommes ;

2°. Surveillance et distribution de l'approvisionnement.

Le Général en chef et tout son état-major sont chargés de la première partie ;

Les Commissaires des guerres sont chargés de la seconde.

Cette seconde partie, pour un homme qui veut faire son métier, exige une activité aussi grande que celle du Général ; elle exigeroit des connoissances plus vastes, si le Général n'étoit obligé de connoître lui-même ces détails.

Le Commissaire des guerres est en quelque sorte l'homme de confiance, nommé par le gouvernement, pour surveiller et contrôler même tous les détails des diverses administrations.

C'est lui qui doit savoir combien d'hommes sont présens dans chaque bataillon, dans chaque escadron ;

Combien sont en route, aux hôpitaux ; combien on doit payer à chaque bataillon, escadron, &c. Pour les hommes, c'est même sur son visa, sur sa revue, que le paiement doit être fait.

Il doit connoître les magasins de toute nature, voir ce qu'ils contiennent, avoir des époques fixes et rapprochées, connoître leur état de situation, pouvoir assurer si l'armée a tous les vivres, effets, charrois, hôpitaux qui lui sont nécessaires, et pour combien de temps.

Sa place l'oblige à avoir une correspondance suivie avec les commissions qui ont des rapports avec les armées, pour les prévenir des matières, effets ou substances qui sont prêts à manquer, solliciter les envois, et acheter même pour la République ces objets, si les commissions ne les envoyoient pas.

Non-seulement les Commissaires des guerres doivent connoître les quantités de matières, substances, effets, qui sont dans les magasins, mais encore ils doivent les avoir examinés, avoir jugé de leur bonté, fait dresser procès-verbal des mauvais, et les avoir renvoyés aux commissions.

Ils doivent être présens, ou avoir des agens à eux, qui certifient la bonne qualité des objets qui entrent dans les magasins.

Avant la création des commissions, les Commissaires des guerres étoient les agens du Ministre de la guerre, chargés de pourvoir à tous les besoins des armées.

Ils achetoient ou faisoient acheter les grains, la viande, la boisson, les effets d'habillement, campement, etc.

Cette faculté qu'ils avoient d'acheter, de passer des marchés considérables, a procuré aux Commissaires des guerres, la facilité de passer des marchés illicites et frauduleux.

Les marchés francs et loyaux étoient eux-mêmes onéreux à la République, en ce que l'on établissoit ainsi une concurrence entre les administrations chargées des achats, les agens des commissions et les Commissaires des guerres.

Cette concurrence empêchoit l'uniformité dans les achats, procuroit aux fournisseurs les moyens d'augmenter, sans nécessité, la valeur des objets, en vendant plus cher à un d'eux, et faisant ainsi emprunter la valeur de ces objets.

Des exemples sans nombre ont eu lieu, pendant le courant de cette guerre, de ces augmentations occasionnées par la seule concurrence.

Dans son entrée en Belgique, le Commissaire des guerres qui suivit Dumourier, achetoit pour l'armée des grains et des fourrages à un prix double de celui que les agens de la commission des subsistances l'achetoient dans le même tems, dans le même lieu.

Depuis la division du ministère de la guerre, depuis la création des Commissions chargées d'approvisionner les armées, chacune en ce qui la concerne, la quantité de marchés passés par les différens Commissaires des guerres a diminué; cependant il s'en forme encore, dans des momens où les besoins sont pressans.

Il seroit bon que les Commissaires des guerres ne pussent passer aucun marché; il faudroit qu'ils fussent réduits au seul rôle de contrôleurs, de vérificateurs : il faudroit que l'on ne pût payer qu'après la vérification, mais qu'ils ne pussent pas refuser de bonne marchandise, pour en substituer de mauvaise, provenante des marchés qu'ils ont passés.

C'est sur leur visa, c'est d'après leur revue, que l'on distribue le pain, la viande, la boisson, les fourrages dans chaque bataillon, dans chaque escadron, et même pour les chevaux des transports et pour les charretiers.

C'est d'après les revues qu'ils ont faites de la situation des effets d'habillement, d'équipement, &c. des bataillons et escadrons, que l'on doit en délivrer de nouveaux.

Ils doivent aussi passer les revues des chevaux de cavalerie, d'artillerie, des transports et faire réformer tous ceux qui ne sont propres à aucun de ces objets, ils doivent assister à la vente, et en dresser procès-verbal.

Il est aisé de conclure, d'après le détail des fonctions des Commissaires des guerres, des connoissances qu'ils doivent avoir.

Il faut qu'ils ayent une connoissance parfaite de tous les détails des besoins d'une armée, des rapports, des proportions de chaque objet avec celui des hommes;

Il faut qu'ils connoissent les rapports de consommation, afin d'assurer dans les magasins, la quantité de chaque objet pour un tems fixe et déterminé, et ne point laisser accumuler un des objets, lorsque c'est un autre qui est prêt à lui manquer.

Devant ordonnancer toutes les soldes, il doit connoître le nombre des citoyens qui sont dans chaque corps, et la solde de chaque grade.

Pour assurer aux soldats, des objets bons et bien faits et ne point lézer les fournisseurs, les Commissaires doivent nécessairement avoir des connoissances sur toutes les matières employées à la consommation des armées, sur leur bonté, sur leur fabrication.

Enfin, il faut pour faire un bon Commissaire des guerres, qu'il ait toutes les connoissances qui ont été développées dans les leçons qui ont précédé, et qu'il ait en outre de la probité, de la sévérité, de la justice, et du républicanisme.

DES CONSEILS D'ADMINISTRATION.

Lorsque les compagnies étoient au compte des capitaines, ceux-ci étoient chargés de tous les détails de l'habillement, équipement, armement, etc. Ils recevoient une certaine somme par mois, pour chaque homme qu'ils fournissoient.

Lorsque les compagnies sont passées au compte du gouvernement, la manière de fournir la nourriture, l'habillement, l'équipement, l'armement, etc., a éprouvé plusieurs variations.

Tantôt des administrations, des régies générales, des compagnies ont été chargées de leur fournir tous ces objets.

Tantôt on a passé à chaque régiment des sommes particulières, et on les a chargés de fournir eux-mêmes tous ces objets.

D'autres fois, enfin, on a chargé les régimens de fournir une partie, et des compagnies, des régies, etc., le reste.

Chacun de ces modes avoit des inconvéniens que l'on s'est gardé de détruire, parce que ces inconvéniens favorisoient des abus, que ces abus étoient avantageux à quelques hommes qui avoient de la faveur ou de la puissance, et qui empêchoient leur destruction.

Quand à un mode existant, on a voulu en substituer un autre, pour favoriser les hommes qui avoient du crédit, on s'est prévalu des vices des méthodes existantes, pour en présenter qui n'avoient point les mêmes vices, mais qui en avoient d'autres.

Au commencement de la révolution, les régimens étoient chargés de faire le pain des soldats, d'acheter les étoffes, de faire les habillemens, les objets d'équipement, de réparer les vêtemens, les armes, etc., et on leur passoit une somme particulière pour ces objets.

Les officiers étoient chargés des détails de chaque partie, quelques-uns même, achetoient à leur compte, pour vendre aux soldats.

L'assemblée législative décréta, le premier janvier 1792, qu'il y auroit un conseil d'administration dans chaque régiment et dans chaque bataillon, chargé de tous les détails d'administration et de la surveillance de l'emploi des fonds destinés à chaque partie.

Ces conseils d'administration étoient composés des officiers supérieurs et de trois capitaines.

Le quartier-maître chargé de tous les paiemens, n'y étoit admis que pour faire les fonctions de secrétaire.

Les commissaires des guerres, chargés de la police des régimens, n'y entroient que tous les trois mois.

Il étoit difficile d'avoir une composition de conseil d'administration plus inégale ; le soldat, l'administré, n'y avoit aucun défenseur, tout étoit pour les chefs.

Les soldats ne pouvoient communiquer avec le conseil, ne pouvoient y faire parvenir leurs réclamations, que par des pétitions qui devoient auparavant passer en quelque sorte à la censure de leurs officiers, car c'étoient les officiers seuls qui pouvoient les remettre au conseil.

Le 12 août 1793, la Convention, à la suite de son projet sur l'embrigadement, forma un conseil d'administration plus rapproché des principes :

Il étoit composé :

Du chef de brigade ;

Des trois chefs de bataillon ;

De l'adjudant-major ;

Du plus ancien capitaine ;

Du plus ancien lieutenant ;

Du plus ancien sous-lieutenant ;

Du plus ancien sergent-major ;

Du plus ancien sergent ;

Du plus ancien caporal-fourier ;

Du plus ancien caporal ;

Des cinq plus anciens fusilliers.

Cette méthode de nomination par ancienneté, avoit pour objet d'empêcher les réunions des corps dans les nominations.

Habitué à conduire des esclaves, on avoit peine à se former une idée de la discipline sévère des hommes libres.

Ce n'est que le 19 ventôse de l'an deuxième de la République française, que, pleine de confiance dans la discipline des soldats, des défenseurs de la Patrie, la Convention les ramena à l'exercice de leurs droits, et qu'enfin tous les bataillons furent réellement représentés dans leurs conseils d'administration, en faisant nommer, par chaque grade, les citoyens du même grade, qui devoient former le conseil.

Par ce décret, les conseils d'administration des bataillons seront composés :

Du chef de bataillon ;

D'un capitaine ;

D'un lieutenant ;

D'un sous-lieutenant ;

D'un sergent-major ;

D'un sergent ;

D'un caporal-fourier ;

D'un caporal ;

De cinq soldats.

Les conseils d'administration des demi-brigades seront formés de six officiers ; six sous-officiers, neuf soldats.

Ce sont deux officiers, deux sous-officiers, trois soldats par bataillon.

Ils seront pris parmi ceux qui composent les conseils d'administration des bataillons.

Les membres du conseil d'administration doivent tous savoir lire et écrire, et ils sont remplacés tous les six mois.

Ce sont eux qui sont chargés de tous les détails de l'habillement, de l'équipement et de l'armement des bataillons.

Ils chargent ordinairement un capitaine de suivre ces détails.

Lorsqu'il existoit des masses d'habillement, équipement, &c.

pour chaque soldat, et qu'on leur faisoit une retenue particulière, la comptabilité des bataillons devenoit très-difficultueuse : il falloit entrer dans des détails minutieux avec chaque soldat, avoir un compte ouvert avec chacun d'eux.

Mais, par le dernier décret de la Convention, qui supprime toutes les masses, qui crée une paie, une solde unique et uniforme, toutes les difficultés, toutes les minuties sont détruites, et la comptabilité prend le caractère de simplicité qui lui convient.

On passe au conseil d'administration 2ᴸ 5ˢ par mois pour l'entretien de chaque homme d'infanterie, et 4ᴸ pour celui de chaque homme de cavalerie.

Les conseils sont responsables de l'emploi de ces sommes et de l'entretien auquel elles sont destinées.

Les sergens-majors sont chargés de la distribution de la solde, du prêt et des comptes de chaque soldat.

Les caporaux sont chargés de la surveillance de leurs chambrées et de la propreté.

DE LA SANTÉ DES TROUPES;

DES MOYENS DE LA CONSERVER.

La santé des soldats fait la force des armées. Le premier devoir de ceux qui sont chargés du commandement, est donc d'employer tous les moyens propres à assurer, à conserver cet état de force et de vigueur, qui franchit tous les obstacles et conduit à la gloire. Pour remplir efficacement cet objet, il est deux conditions également importantes, et qui ne doivent jamais être séparées.

La première est de ne pas admettre indistinctement dans les corps de troupes, tous ceux qui s'y présentent: l'avantage de défendre la patrie enflamme sans doute le cœur de tous les vrais citoyens; mais tous ne sont pas également propres à remplir dignement cette fonction honorable; le zèle ne suffit pas: il faut encore des forces et des qualités physiques dont quelques-uns sont privés.

Tels sont ceux dont la complexion foible, délicate, ou encore peu développée, s'altéreroit par l'exercice.

Ceux qui sont habituellement valétudinaires, infirmes.

Ceux qui ont quelque vice de conformation, qui empêche le mouvement des membres.

Ceux qui ont quelque affection intérieure ou extérieure, qui s'aggraveroit par la marche, la fatigue.

Il faut aussi exclure du service des armées ceux qui ont quelque maladie susceptible d'être communiquée facilement, et dont la curation seroit longue et incertaine; ils grossissent le nombre sans augmenter la force: ils ne servent qu'à peupler les hôpitaux, et y absorber les secours destinés aux véritables défenseurs de la patrie.

Pour assurer la force d'une armée, on ne doit donc y admettre que des hommes sains, bien conformés, capables de supporter les vicissitudes des saisons, la marche, les fatigues de la guerre.

La seconde condition plus importante encore, est de prévenir les maladies, et d'écarter soigneusement toutes les causes qui pourroient y donner naissance.

Pour y parvenir d'une manière efficace, il faut considérer et connoître les substances et les circonstances qui concourent à entretenir la vie, l'action et la force des organes.

Les unes, qui, par la nature de l'organisation animale, sont de nécessité première et indispensable dans tous les temps, dans tous les pays, sont *les substances atmosphériques et les substances alimentaires.*

Les autres, qui varient suivant les climats, les saisons, les mœurs et les habitudes sociales, sont les *vêtemens* et *le mouvement.*

Ces différens objets ont une influence constante et plus ou moins prompte sur la santé. Leur bonne qualité, leur usage bien dirigé, produisent la salubrité générale, entretiennent la santé, la vigueur; au-delà d'un certain terme, ils diminuent la force, altèrent l'action des organes, et deviennent causes de maladies plus ou moins graves; mais avec des soins, des attentions, il est possible d'en prévenir, d'en modérer les impressions fâcheuses, et par conséquent de conserver la santé des troupes.

§. I. *Substances atmosphériques.*

Nous appellons *substances atmosphériques*, celles qui forment l'atmosphère; c'est-à-dire, cette grande masse de fluide transparent, élastique, expansible, qui environne la terre et s'étend à plusieurs lieues de hauteur.

Ce fluide, que l'on nomme généralement air, n'est pas une substance simple et élémentaire, comme on l'a dit pendant long-temps; mais il est composé *d'oxigène et d'azote*, qui sont dans un état d'expansion et de dissolution gazeuse par le moyen du calorique. Sur cent parties de cet air atmosphérique, il y a environ soixante-quinze parties de gaz azote, et vingt-cinq de gaz oxigène, ou air vital: ces proportions sont à-peu-près les mêmes dans tous les climats et dans toutes les saisons.

Mais outre ces deux substances, qui constituent essentiellement l'air atmosphérique, il est toujours chargé d'une quantité plus ou moins grande d'eau qui y est dissoute ou simplement suspendue: ce qui varie considérablement suivant les localités, suivant les saisons; ce qui produit la rosée, les brouillards, les nuages, les pluies et autres météores aqueux.

Souvent aussi il est chargé de vapeurs ou émanations qui s'élèvent du fond des marais et des différens corps qui sont à la surface de la terre.

Souvent aussi il est agité par les vents, et transporté avec rapidité d'un climat à l'autre.

Enfin, la quantité de calorique et de lumière, dont l'air atmosphérique est pénétré, varie considérablement, suivant les climats et la position du soleil.

Ainsi, l'air atmosphérique n'est jamais le même; quelquefois il est froid et sec, d'autrefois il est chaud, humide, ou brûlant et sec, ou chargé de différentes espèces de vapeurs, et suivant ces états de surcomposition accidentelle, il produit sur le corps des effets tous différens.

Non-seulement il agit par sa masse, mais encore il exerce une action chymique sur les différens corps, et produit souvent des combinaisons nouvelles.

Comme l'air est la substance la plus essentielle pour la vie, celle dont les hommes font par la respiration la consommation la plus grande, la plus continuelle, il faut apporter beaucoup d'attention à ses qualités; et aux altérations qu'il peut éprouver, sur-tout dans les camps, sous les tentes, et lorsque les troupes conservent long-temps la même position. La négligence sur ce point important peut devenir plus funeste que les batailles les plus sanglantes.

Il est plusieurs moyens physiques et chymiques pour reconnoître les qualités de l'air atmosphérique, et ses degrés de salubrité.

Le *baromètre* indique sa pesanteur : le *thermomètre* fait connoître la quantité de calorique dont il est pénétré.

Les *hydromètres* démontrent l'eau dont il est chargé.

On a imaginé différentes espèces d'*eudiomètres* pour déterminer les proportions de gaz oxigène et d'azote, dont il est composé; enfin, on s'assure de la quantité de *gaz* acide *carbonique* qui peut y exister, par le moyen de l'eau de chaux.

Outre ces procédés, on reconnoît sûrement les qualités et la salubrité de l'air atmosphérique, en considérant la nature du terrain, l'état des habitans et des productions qui s'y trouvent.

Ainsi, dans les terrains bas, abrités par des forêts, entrecoupés par des marais, des eaux stagnantes; dans des terreins où l'on trouve beaucoup d'insectes, où les hommes sont pâles, mols, pesans, cacochimes; où le sol est couvert de mousse, et ne produit que des fruits et des légumes sans saveur, l'air y est humide, mal-sain, et outre l'attention d'allumer des feux, il faut souvent changer de positions, tenir les troupes dans un exercice continuel, et employer tous les moyens propres à les fortifier.

Dans un terrein élevé, traversé par une rivière qui coule rapidement, exposé aux vents et à l'action du soleil, où les plantes sont vigoureuses, les fruits sapides, les hommes robustes, l'air est sec, quelquefois froid, mais il entretient la force et la vigueur.

Pour conserver la salubrité dans un camp, il ne suffit pas de choisir un terrein sec, pourvu d'une quantité suffisante d'eau, de bois de chauffage; il faut encore en écarter tous les foyers d'infection, tout ce qui pourroit charger l'atmosphère d'émanations putrides : aussi on apportera la plus grande attention dans l'emplacement des latrines, des boucheries : et après une bataille, on aura soin de faire enterrer profondément et loin du camp, les cadavres, et même de les recouvrir de chaux.

§. II. *Substances alimentaires.*

Nous comprenons sous le titre de *substances alimentaires* tout ce qui sert et peut servir à la nourriture.

Dans les premiers tems les aliments de l'homme étoient bornés à un petit nombre de substances simples et qui n'exigeoient aucune, ou presque aucune préparation.

En s'écartant de la nature les besoins se sont multipliés, la cuisine est devenue un art nécessaire pour rendre les aliments plus salubres, plus digestibles, plus agréables; mais le soldat républicain dont la vie est active, laborieuse, sait se contenter des aliments les plus simples : tout est sain pour l'homme sain, sur-tout lorsqu'il est sobre et qu'il prend un exercice suffisant; les excès seuls sont nuisibles, sur-tout quand on reste dans l'inaction.

Le pain dans nos climats est la base de la nourriture des troupes : il doit être bien levé, bien cuit et fait de farine de froment dont on a ôté 15 livres de son par quintal. On reconnoît la bonté des farines par l'odeur, la couleur, la manière dont elle se pétrit et sur-tout par la qualité et la quantité de gluten et d'amidon que l'on en obtient en la traitant à l'eau froide.

La bonté du pain se reconnoît par la saveur, la légèreté, la facilité avec laquelle il se gonfle et s'amolit dans les différens fluides dans lesquels on le plonge.

Une expérience simple fait reconnaître, si dans la fabrication du pain on a retiré la quantité de son prescrite par les réglemens. Pour cela, il suffit de prendre quatre onces de mie de pain, que l'on fait bouillir dans une grande quantité d'eau; on passe ensuite la liqueur à travers un tamis très-fin. Toutes les parties amilacées et solubles sont entraînées par l'eau, il ne reste sur le tamis que la quantité d'écorces ou de son qui étoit contenue dans le pain et on peut facilement en déterminer le poids et la proportion.

Les autres substances alimentaires qui font le plus ordinairement partie du régime des troupes, sont les différentes espèces de légumes, de fruits et les viandes.

Les légumes farineux et secs, tels que les pois, les haricots, les fèves, fournissent beaucoup de substance nutritive, mais sont quelquefois d'une digestion peu facile.

Les légumes frais, les plantes, les racines potagères, forment un aliment sain et très-convenable pour prévenir les maladies putrides.

Les fruits, sur-tout lorsqu'ils sont acides, tels que les groseilles, le citron sont rafraichissans, propres à prévenir le scorbut et à y remédier.

Les viandes fournissent une nourriture plus solide, plus convenable à des hommes qui éprouvent de la fatigue, et il faut préférer les viandes fraîches à celles qui sont salées ou fumées, et toujours il est avantageux d'ajouter à leur cuisson des légumes, des plantes potagères, et de les assaisonner avec du vinaigre, pendant l'été et des aromatiques stimulans pendant l'hiver.

Les boissons font partie des substances alimentaires; pendant plusieurs siècles l'eau a été l'unique boisson des hommes, long-temps elle a été regardée comme un élément ou substance simple, mais aujourd'hui il est démontré qu'elle est composée de 15 parties d'oxigène et de 85 d'hydrogène.

Nous la trouvons en trois états différens, suivant la quantité de calorique dont elle est pénétrée, savoir, 1°. sous forme solide ou en état de glace, 2°. en état liquide, 3°. sous forme de gaz ou vapeur.

Dans ces différens états, l'eau a une action très-marquée sur les corps, et influe beaucoup sur la santé. En traversant les terres, l'eau se charge de différentes substances qui altèrent ses propriétés.

Pour l'usage alimentaire, on doit préférer les eaux de rivière, celles qui sont légères, diaphanes, douces au toucher, qui coulent sur un fond sabloneux, qui n'ont point de goût et d'odeur particulière, qui dissolvent facilement le savon, et dans lesquelles les légumes s'amolissent promptement.

Les eaux qui tiennent en dissoultion des sels terreux, sont crues, pesantes pour l'estomac; celles qui sont troubles, épaisses, chargées de débris de végétaux, d'insectes ou d'autres animaux en putréfaction, sont très-nuisibles à la santé, et produisent souvent des douleurs d'entrailles, des diarrhées ou autres affections de l'estomac.

On doit sur-tout éviter celles dont la surface est couverte d'une couche muqueuse irisée, celles qui croupissent sur un fond vaseux, qui, lorsqu'on y enfonce un baton laisse dégager des bules d'air fétide. Cette sorte d'air que l'on nomme *gaz hydrogêne carbonné* produit differentes espèces de fiévres intermittentes ou remittentes, quelquefois très-graves; ce que l'on observe très-fréquemment, sur-tout en automne et dans les pays marécageux sujets aux inondations.

Outre ces observations générales, il est plusieurs procédés chymiques pour reconnoître les qualités des eaux, mais lorsque la position des troupes ne permet pas de choisir les meilleures il faut corriger leur insalubrité par différens moyens.

On purifie les eaux troubles et bourbeuses en les faisant filtrer à travers des fascines, soutenues par des piquets, et garnies de sable fin.

On détruit les insectes qui pourroient s'y trouver, en les faisant bouillir en en les battant, en les exposant ensuite au contact de l'air.

Ce procédé convient aussi pour dissiper le gaz hydrogène carbonné; dont les eaux pourroient être chargées.

Enfin, on corrige leur fadeur, leur tendance à la putridité, en y ajoutant un peu de vinaigre ou quelques goutes d'acide sulfurique.

Les liqueurs vineuses sont le produit de l'art; on les obtient en faisant fermenter des substances qui contiennent le principe muqueux et sucré; ces liqueurs sont devenues aujourd'hui des boissons de première nécessité, sur-tout parmi les troupes.

Leur usage modéré augmente, soutient les forces, facilite la digestion, prévient les affections putrides et vermineuses; mais l'abus journalier, et sur-tout les excès pendant les chaleurs et dans les climats chauds, causent les maux les plus graves; ils débilitent, produisent souvent les vertiges, les palpitations; ils diminuent également les facultés intellectuelles et physiques; enfin, ils hâtent la vieillesse: aussi, on ne peut trop recommander, sur-tout aux jeunes gens, de la réserve sur l'usage de ces sortes de boissons.

De toutes les liqueurs fermentées, le vin est en même-temps la plus légère, la plus agréable, la plus fortifiante; elle est aussi la plus convenable, lorsqu'on en fait usage avec modération.

La bierre, le cidre, le poiré sont des liqueurs que l'on obtient par la fermentation de l'orge, des pommes ou des poires; elles ont à-peu-près les mêmes propriétés que le vin, mais leur usage est moins familier dans nos climats.

Le vin, ainsi que les autres liqueurs fermentées, sont quelquefois altérées par la cupidité. Quelques-uns de ces mélanges sont nuisibles à la santé, mais il est des moyens de reconnoître ces altérations frauduleuses.

Ces liqueurs acides différent des liqueurs vineuses, par leur saveur, leur effet. Les unes augmentent la chaleur du corps, et leur excès affecte particulièrement le cerveau; celles-ci la modérent; leur excès produit seulement la toux et la maigreur.

Les liqueurs acides sont de deux sortes, les unes sont produites par la fermentation des liqueurs vineuses. Tel est le vinaigre ; il est non-seulement un assaisonnement agréable, mais il est encore très-utile pour corriger les mauvaises qualités des eaux, faciliter la digestion, prévenir la putridité ; son usage convient sur-tout pendant les chaleurs et dans les climats chauds.

Les autres sont formées par l'acide natif des végétaux, que l'on délaie simplement dans une certaine quantité d'eau. Tels sont les sucs de citrons, de verjus, de groseille, d'oseille, et d'autres végétaux, qui contiennent un acide tout formé. Ces boissons acidules très-agréables, sont sur-tout très-éficaces pour prévenir les affections putrides, scorbutiques, et même pour y remédier.

On appelle liqueurs spiritueuses ou alcooliques, celles que l'on obtient en distillant les substances qui ont éprouvé la fermentation vineuse. Ainsi on en retire du sucre, du riz, de l'orge, des grains, des pommes, du génièvre, et des autres substances, auxquelles on a fait subir la fermentation. On les distingue sous les noms de taffia, de rhum, de rack, d'eau-de-vie de grains, de pommes, de genièvre, &c.

Celle que l'on obtient par la distillation du vin, est nommée eau-de-vie, et en y ajoutant du sucre et différentes substances aromatiques, on en fait des liqueurs de table, et des ratafiats.

Toutes ces liqueurs sont légères, volatiles, odorantes, inflammables, elles ont une saveur forte ; prises à petite dose, elles excitent, elles animent l'action des organes et augmentent sensiblement la chaleur du corps. Ainsi leur usage modéré convient aux troupes dans les cas de fatigue, de marche forcée, lorsque les cantonnemens sont dans un pays humide, froid, marécageux, couvert de brouillards ; mais l'excès cause l'ivresse, la stupeur et l'usage trop fréquent amène les maladies les plus graves, les plus opiniâtres et sur-tout le vertige, les palpitations de cœur, l'hidropisie, etc. etc.

L'eau-de-vie que l'on choisit pour l'usage des troupes, doit être retirée du vin, celle que l'on obtient par la distillation du marc des raisins, est âcre, nuisible à la santé, elle contient une espèce d'huile, et presque toujours elle a une saveur particulière que l'on désigne sous le nom de goût de feu ou empyreume.

Souvent les eaux de vie sont colorées par différentes substances que l'on y ajoute, on juge de leur bonté par l'aréomètre, par leur inflammabilité, et par quelques procédés chymiques.

§. III. *Vêtemens.*

Nous comprenons sous le titre de *vêtemens*, tout ce qui sert à garantir les troupes des vicissitudes et de l'intempérie des saisons.

Les attentions nécessaires dans la qualité, la forme de l'habillement, ont déjà été exposées au CHAPITRE XVI ; il reste seulement à observer relativement à la santé, que les étoffes de laine absorbent et retiennent facilement l'humidité, les vapeurs de la transpiration, et les miasmes morbifiques ; qu'ainsi, il faut apporter le plus grand soin à tenir les habillemens secs, propres, en les exposant au soleil, en les faisant battre, et vergéter de temps en temps. Cette attention est encore plus nécessaire pour le linge et les autres parties du vêtement qui sont appliquées immédiatement sur la peau. La négligence sur ce point occasionne non-seulement plusieurs maladies de la peau, souvent très-opiniâtres, mais encore il en résulte un dérangement sensible dans la transpiration ; ce qui dispose aux fiévres, aux affections de l'estomac, produit souvent les maladies les plus graves et toujours les entretient.

La transpiration est une fonction si importante pour la vie, qu'on ne sauroit apporter trop d'attention à l'état et à l'action de la peau ; aussi un des moyens efficaces pour conserver la santé, est de laver de temps en temps la surface du corps avec un éponge ou un linge trempé dans de l'eau froide. Ces sortes de lotions nettoient la peau, excitent et augmentent son action : elles conviennent sur-tout pendant l'été, après des longues marches ; et alors il est utile d'ajouter à l'eau un peu de vinaigre.

Ce moyen est aussi très-avantageux pendant les routes, pour détacher cette crasse qui s'amasse entre les orteils, et dont l'acrimonie produit l'entamure et rend si souvent la marche pénible et difficile.

Ces mêmes soins de propreté doivent être observés sous les tentes, dans les baraques où les troupes se reposent : non-seulement il faut les aérer régulièrement tous les jours, les ouvrir aux rayons du soleil ; mais encore il importe d'y renouveller souvent la paille, qui, en s'imbibant de l'humidité, des vapeurs de la transpiration, contracte facilement une tendance à la putréfaction, et prépare ainsi ces maladies putrides et ces fièvres pernicieuses, que l'on désigne sous le nom de *fièvre des camps.*

§. IV. *Mouvement.*

Le *mouvement* est nécessaire à l'homme pour la santé ; l'inertie conduit à l'affoiblissement, aux maux les plus graves ; et l'expérience a fait connoître combien, après des marches, des fatigues, il est dangereux de passer tout-à-coup au repos et à l'inertie.

Aussi, le moyen de conserver la force et la santé des troupes, est de les tenir dans un état d'activité continuelle.

L'exercice, les grands mouvemens, sont un besoin de première nécessité, surtout dans des pays humides, marécageux, et dont l'atmosphère tend sans cesse à débiliter.

Les passions, que l'on peut considérer comme le mouvement de l'ame, ont aussi une influence très-marquée sur la santé ; quelques-unes, telles que la crainte, la terreur, resserrent tous les organes, suspendent, ralentissent leurs fonctions, débilitent le corps et disposent aux maladies mélancoliques, à toutes les affections de langueur. Mais le républicain, enflammé de l'amour de la patrie, n'éprouve point ces passions serviles ; si l'aspect des tyrans excite son indignation, le courage augmente ses forces et donne à son corps une activité nouvelle, qui le conduit à la victoire.

La surveillance des objets de salubrité générale, si importante pour conserver la santé, l'est encore bien plus dans l'état de maladie.

L'air doit toujours être considéré comme le premier moyen curatif, et celui sans lequel tous les autres secours sont inéficaces. Cette observation doit faire sentir combien il est avantageux de former à la suite des armées, des camps de santé, et de traiter les malades sous des tentes où l'air puisse se renouveller facilement et complétement.

L'expérience a fait connoître que les maladies y étoient accompagnées de simptômes moins graves, que les convalescences y étoient plus promptes, les rechûtes très-rares.

Pour tirer le plus grand avantage de l'établissement de ces quartiers de santé, il faut avoir soin de choisir un terrein sabloneux, élevé, exposé à l'est, qui ne soit pas abrité par des forêts, et dans lequel on puisse facilement se procurer de bonnes eaux et tous les objets de consommation journalière.

Ce n'est que pendant l'hiver, dans les saisons fort humides, et pour quelques cas particuliers de maladies que l'on doit transporter les malades dans les hôpitaux, ou les placer sous des barraques que l'on construit facilement avec des lambris; mais alors il faut redoubler de soins pour entretenir la salubrité dans les salles. L'air renfermé se charge des exhalaisons de la transpiration des malades; il acquiert des qualités sceptiques; ce qui rend la marche des maladies plus longues, plus graves; et quelquefois même l'altération de l'air renfermé dans ces salles est porté à un tel degré, que la maladie étend ses ravages sur les infirmiers, les officiers de santé, etc.

Pour remédier à cette infection, il ne suffit pas d'ouvrir les fenêtres, d'établir dans les salles un courant qui renouvelle l'air et le fasse circuler: les miasmes morbifiques qui se sont élevés, et qui s'élèvent sans cesse du corps des malades, restent attachés aux couvertures, aux étoffes de laine, même aux planchers; aux murs, aux couchettes; ainsi, pour purifier complétement l'air de ces salles, il faut des moyens chymiques qui détruisent la combinaison morbifique. Les fumigations remplissent cet objet. La combustion des plantes aromatiques, l'évaporation du vinaigre, et quelques autres moyens anciennement employés, sont plus nuisibles qu'utiles. Les uns surchargent l'air d'humidité, et les autres le chargent de gaz acide carbonique; ils masquent l'odeur et laissent subsister le principe d'infection.

Guyton a indiqué un autre procédé très-facile, et dont l'expérience a démontré plus d'une fois l'efficacité; il consiste à placer sur un réchaud une capsule ou creuset de terre dans laquelle on met quelques pincées de sel marin; on y verse ensuite une ou deux onces d'acide sulfurique, que l'on nomme ordinairement huile de vitriol; il se dégage de ce mélange un gaz ou vapeur très-pénétrante qui se répand rapidement dans la salle, et qui détruit complétement le principe d'infection.

Il faut porter la même attention sur tous les autres objets de salubrité, et établir dans le service des hôpitaux cette discipline qui assure l'exécution des préceptes,

DES MALADIES CONTAGIEUSES.

MOYENS DE PRÉVENIR ET D'ARRÊTER LA CONTAGION.

L'HOMME est naturellement fort, et son organisation première le rend capable des plus grands efforts. Il peut, sans inconvéniens, supporter la différence des climats, les vicissitudes des saisons, les intempéries de l'atmosphère; et si quelque cause accidentelle trouble cet accord, cette harmonie qui constitue sa santé, des soins, des moyens simples suffisent; l'action de ses organes ramène bientôt le calme et le rétablissement; mais les vices des institutions sociales, des abus, des excès de tout genre, ont altéré peu-à-peu cette heureuse constitution. Ses organes se sont affoiblis; et, en s'éloignant de la nature, l'homme est devenu sujet à une foule de maux qui l'ont entouré dès son berceau, et que les préjugés, l'ignorance, la charlatanerie, la négligence ou l'inattention, rendent chaque jour plus graves et plus communs.

Aussi le plus grand nombre des maladies que nous voyons dans nos climats, celles que nous observons chaque jour, et qui font le plus de ravage, sont rarement un effet immédiat de l'influence de l'atmosphère, de la variation des saisons. Ces dispositions sans doute ajoutent au caractère de la maladie, en changent la marche; mais, seules, elles seroient insuffisantes pour produire de grands dérangemens, si le corps n'étoit pas affoibli par quelque circonstance antérieure, et déjà disposé à en recevoir l'impression. Le plus souvent les maladies sont une suite de l'intempérance, des abus multipliés, des excès en tout genre; ou bien elles sont la suite de la négligence de quelques-uns des objets de salubrité générale, ou du défaut des précautions convenables. C'est ce que l'on observe principalement au sujet des maladies contagieuses, qui font tant de ravages dans la société, et sur-tout dans les armées.

On appelle *maladies contagieuses*, toutes celles qui sont susceptibles de se communiquer, de se transporter d'un individu à un autre.

On en connoît plusieurs espèces, qui diffèrent beaucoup par leurs symptômes, par leur marche, par leur gravité. Les unes sont *aigues*, et se terminent en peu de temps; les autres sont longues ou *chroniques*.

Mais toutes sont produites par une substance particulière qui s'exhale ou s'échappe du corps du malade, tantôt sous forme de *gaz* ou vapeur, tantôt sous forme de fluide ou d'humeur plus ou moins épaisse; d'autres fois, sous forme pulvérulente; mais quelque soit l'apparence, cette matière morbifique, qui propage l'infection et que l'on nomme *virus*, est une sorte de germe capable de reproduire, de multiplier la maladie première lorsqu'il se portera sur un autre corps où il pourra se développer et exercer son activité.

Ainsi, tout individu attaqué d'une maladie contagieuse, est un centre ou *foyer d'infection* d'où s'exhale une matière morbifique plus ou moins volatile qui s'attache aux corps qui l'environnent, et qui peut devenir un germe de maladie, pour tous ceux qui seront exposés à son activité.

Mais tous les corps ne s'impregnent pas également de la matière contagieuse. Tous ne la conservent pas également; et les hommes qui sont exposés à un foyer d'infection, n'en sont pas toujours et nécessairement affectés; en général, ceux dont l'organisation jouit de toute son énergie, resistent à l'impression morbifique. Ils ne contractent la maladie que lorsque le corps y est disposé, par différentes circonstances qui ont diminué sa force.

Enfin, il faut observer que toutes les maladies contagieuses ne se communiquent pas de la même manière et avec la même facilité. Les unes ne se communiquent que par le contact direct, l'application immédiate de la matière contagieuse sur la peau, ou au moins, il faut toucher, manier les corps qui en sont imprégnés.

Il suffit pour contracter les autres, d'approcher plus ou moins près du foyer d'infection, d'en respirer les émanations ; dans ce cas, la matière contagieuse, plus volatile, entraînée, suspendue par le calorique, forme au tour du malade une sorte de couche ou d'atmosphère plus ou moins étendue, et l'infection peut se communiquer par le nez, par les organes de la respiration ou de la déglutition.

Mais à une certaine distance, la contagion ne peut avoir lieu ; l'air ne peut rester long-temps chargé des germes morbifiques, et les transporter au loin. S'ils sont un instant suspendus dans l'atmosphère, ils y sont non-seulement délayés et en quelque sorte noyés ; mais bientôt encore ils y sont détruits, décomposés, et perdent ainsi leur propriété première.

Pour bien sentir la vérité et toute l'importance de cette observation, il suffit de remarquer qu'on pourroit toujours arrêter les maladies contagieuses les plus graves, en interceptant toute communication avec les malades, avec les substances infectées ou imprégnées de la matière contagieuse. Ainsi la peste, cette maladie dont la contagion est si facile, si rapide, si redoutable, a, pendant une longue suite d'années, ravagé la France et l'Europe entière : on la voyoit se renouveller, se reproduire de temps en temps, et parcourir successivement toutes les contrées. On ne manquoit pas alors d'attribuer aux astres, à quelque dispositions surnaturelles, ou à l'air, la cause de cette infection ; on supposoit que les vents pouvoient transporter la matière contagieuse, la disséminer de tous côtés, et on cherchoit des préservatifs dans une foule de préparations absurdes, dont la crédulité faisoit toute la vertu, ce qui entretenoit l'erreur la plus funeste à la société, et détournoit du seul objet qu'il falloit saisir. Enfin, on reconnut que cette maladie se formoit par des causes locales et particulières, dans des climats éloignés ; mais qu'elle étoit transportée parmi nous par la voie du commerce maritime, et sur-tout par les marchandises des Echelles du Levant.

Alors, au lieu de ces spécifiques si vantés par le charlatanisme, on établit un ordre de police : les marchandises furent soumises à une inspection sévère ; les vaisseaux arrivants, firent la *quarantaine*, enfin on intercepta toute communication ; et depuis ce temps, la maladie a entièrement cessé dans nos climats, et assurément elle ne s'y renouvellera pas, tant qu'on conservera ces précautions, qui sont applicables à toutes les maladies contagieuses. Ainsi les départemens des Pyrenées et de la Garonne ont vu, il y a peu d'années, une maladie contagieuse très-grave attaquer le bétail ; et ce n'est pas en changeant l'air, mais en interceptant toute communication, en établissant un cordon de troupes, qu'on est parvenu à borner, à circonscrire cette maladie, et à en garantir les autres départemens.

De ces considérations, résultent deux préceptes généraux et également importans, pour prévenir la contagion, et en arrêter les progrès.

1°. Isoler les foyers d'infection, les éviter, ou du moins n'en approcher qu'avec des précautions.

2°. Conserver la force des organes, l'augmenter même par les différens moyens connus.

Mais quoique essentiellement les mêmes, ces moyens préservatifs doivent varier suivant les circonstances.

Les maladies contagieuses aigues, les plus ordinaires dans nos climats, sont certaines espèces de fièvre, la dyssenterie, la rougeole, la petite vérole.

Les fièvres contagieuses sont toutes accompagnées des symptômes de putridité et de débilité, on les nomme généralement *fièvres putrides malignes*, *fièvres pestilentielles*, et quelquefois on les nomme *fièvres pétéchiales*, parce qu'il y survient des taches ou *pétéchies*, &c. &c.

Elles ne se forment jamais que dans les lieux bas, humides et chauds, où l'air croupit et se trouve chargé des vapeurs infectes de la respiration, de la transpiration, des exhalaisons cadavéreuses, ou de quelque autre substance putride ; on l'observe principalement au milieu des grands rassemblemens d'hommes, lors que les alimens, les eaux sont altérés, enfin, toutes les fois qu'il y a de grandes causes de débilitation.

Cette sorte de fièvre se forme principalement dans les camps, dans les vaisseaux, dans les prisons, dans les hôpitaux, lorsque les hommes sont entassés dans un petit espace, lorsqu'il y a un concours de causes putréfactives et affoiblissantes, et suivant les différens endroits où cette maladie a pris naissance ; on la nomme *fièvre des camps, fièvre des vaisseaux, des prisons* ou *d'hôpital.*

On l'observe dans les camps, après les pluies, les brouillards d'automne, lorsque l'atmosphère est constamment humide et chaude ; sur-tout lorsque les troupes conservent long-tems la même position et restent dans l'inaction ; lorsque les vivres, les boissons manquent, ou sont de mauvaise qualité ; lorsque la paille n'est pas suffisamment renouvellée, et qu'elle contracte de l'humidité, de la moisissure ; enfin lorsque les divers objets de salubrité générale et de propreté ont entièrement été négligés.

Elle commence d'abord sous les tentes les plus exposées à l'humidité, les moins aérées ; elle attaque les individus les plus foibles, les moins actifs, ceux qui ont une disposition particulière à la putridité ; mais lorsqu'une fois la maladie est formée, lorsqu'il existe un foyer d'infection, elle se répand, se propage de proche en proche par contagion, et si on néglige les premiers instans, la maladie, qui d'abord étoit bornée à un petit nombre d'individus, peut-être même à un seul, devient bientôt une maladie générale, et forme une sorte d'*épidémie*, qui non-seulement franchit les barrières du camp, et se répand sur les pays circonvoisins ; mais souvent encore par une communication graduelle et successive, elle est transportée dans les climats les plus éloignés, et y exerce des ravages qui quelquefois persistent plusieurs années.

D'après cet apperçu, les premiers moyens préservatifs consistent dans tout ce qui peut entretenir la force et la vigueur naturelle. Il faut non-seulement surveiller les objets de salubrité générale, la qualité, la quantité des fournitures et consommations journalières ; mais encore on doit, autant qu'il est possible, changer les cantonnemens, au moins faire souvent lever et déplacer les tentes ; éviter l'inaction et tout ce qui amène la débilité.

2o. Lorsque la maladie s'est déjà annoncée, il faut dès les premiers instans éloigner les malades du camp, interdire rigoureusement toute communication avec les hommes sains, prescrire à ceux qui sont chargés du soin des malades, les plus grandes attentions à renouveller, à purifier l'air, à entretenir la propreté, à ne pas employer pour d'autres, les objets qui ont déjà servi aux malades, sans avoir été soumis aux moyens de désinfection.

3o. Enfin, comme l'expérience, de tous les tems, a démontré que c'est pendant la guerre, au milieu des camps et des grands hôpitaux que l'on voit naître ces différens genres de maladies qui se transportent et se répandent comme un torrent sur les peuples. Il faut, pour borner et circonscrire la contagion dans un petit espace, former à la suite des camps un quartier de santé, pourvu de tous les objets nécessaires, mais où les malades soient traités sous la tente, ou dans des baraques formées de branches d'arbres entrelacées ou de lambris; non-seulement on évite les dangers de l'infection, si fréquente dans les salles des hôpitaux, on exempte aux malades les fatigues du transport, on prévient la contagion dans l'intérieur; mais encore la fraîcheur, la pureté de l'air, si le local est bien choisi, enfin, l'action de la lumière concourent à la guérison et rendent les convalescences plus promptes, les rechûtes plus rares, et la terminaison moins fâcheuse.

La dysenterie est un autre genre de maladie contagieuse que l'on observe fréquemment dans les camps, sur-tout après de grandes fatigues, à la suite des saisons chaudes, lorsque les vivres sont altérés : lorsque les végétaux frais ont manqué; elle exige les attentions déja recommandées; mais comme la communication s'en fait principalement par la vapeur qui s'élève des excrémens des malades, il faut les déposer loin des habitations, dans des fosses profondes que l'on remplira chaque jour de terre : il seroit encore avantageux d'y jetter une certaine quantité de *lait de chaux*, &c.

La rougeole et la petite vérole sont deux maladies contagieuses, très-meurtrières, qui étoient inconnues à nos anciens, qui le sont encore dans quelques pays : elles sont entièrement étrangères à nos climats, elles y ont été transportées d'Afrique, et depuis ce temps, elles s'y perpétuent par contagion, et se présentent souvent sous la forme d'une épidémie très-grave.

Comme l'on ne contracte jamais ces maladies que par l'approximation très-grande des malades, ou le contact des corps chargés de la matière morbifique, on peut assurément être à l'abri de la contagion, en évitant tous les foyers d'infection.

Pour remplir cet objet, il faudroit isoler les malades, empêcher toute communication avec les personnes saines : enfin laver, nettoyer avec la plus scrupuleuse attention, les linges, vêtemens et meubles imprégnés de la matière morbifique, qui ont servi aux malades et à ceux qui leur ont donné des secours ; mais comme le germe morbifique circule sous mille formes, il peut échapper aux attentions les plus sages, et souvent elles seront trompées, tant qu'il n'y aura pas une police générale suffisante pour en assurer l'exécution, et amener ainsi l'extinction de ces maladies qui font tant de ravages dans la société.

En attendant cette époque, trop éloignée sans doute pour l'avantage de la société, on prévient tous les dangers dont la petite vérole est si souvent accompagnée ou suivie, en pratiquant l'inoculation. Des succès constans ont démontré les avantages de cette méthode. Mais elle est généralement peu connue, parce que la pratique en a été en quelque sorte réservée à quelques individus, qui souvent l'ont couverte d'un voile mystérieux, et en ont fait un objet de lucre et d'intérêt particulier ; mais pour être vraiment avantageuse, l'inoculation doit devenir générale, populaire, et cette opération si simple, si facile, toujours si assurée, doit entièrement être confiée aux soins des parens, des instituteurs.

Les maladies contagieuses chroniques sont la galle, la dartre et quelques autres affections cutanées du même genre : la matière contagieuse est plus fixe que dans les affections aiguës ; elle ne peut se transmettre que par le contact, ou l'application immédiate sur la peau. Les soins pour ces sortes d'affections sont généralement connus, seulement il importe d'observer qu'elles se renouvellent souvent par le bord des habillemens qui ont touché la peau, et qui se sont imprégnés de la matière morbifique. Ainsi en finissant le traitement de ces maladies, il faut avoir grand soin de faire nétoyer les habillemens, sur-tout aux collets et au bord des manches, &c.

Il est un autre genre de maladie contagieuse chronique trés fréquente chez les peuples dépravés, qui cherchent le plaisir dans la débauche et le libertinage : mais en rompant les chaînes de l'esclavage, en recouvrant ses premiers droits, l'homme se dépouille de ses anciens préjugés, de ses anciens vices, il se forme des mœurs. Le Républicain vraiment digne de ce nom ne doit donc plus connoître cette maladie, qui est d'autant-plus fâcheuse qu'elle attaque la génération dans sa source, et influe d'une manière sensible sur la postérité ; sur-tout lorsque le traitement en est abandonné à des charlatans, à des ignorants, qui ne sont guidés que par l'intérêt le plus sordide. Le sol de la liberté doit être aussi le pays des mœurs et des vertus.

Il y a encore quelques espèces de maladies contagieuses, mais elles sont moins ordinaires. D'ailleurs les moyens préservatifs sont généralement les mêmes. On doit aussi faire une application de ces observations aux maladies contagieuses, que l'on observe de temps en temps sur le bétail. L'homme libre ne doit dédaigner aucun des objets qui tiennent à l'avantage général de la société.

Sous le règne du despotisme, ces considérations eussent paru déplacées : l'éducation étoit alors bornée à l'étude stérile de quelques langues, ou à des objets d'agrément et de légereté. Les arts utiles, les arts conservateurs étoient entièrement négligés, et souvent les prétentions, la cupidité, la routine en avoient rendu l'accès difficile, en avoient couvert les procédés d'un voile mystérieux ; mais aujourdhui dans un pays libre, où chaque citoyen peut être appellé aux différentes fonctions publiques : son intérêt, son devoir lui font un besoin de tous les genres d'instruction.

L'éducation nationale doit comprendre tous les objets relatifs à l'ordre social : aussi l'art de la santé, de la salubrité générale, doit être une des premières études.

www.ingramcontent.com/pod-product-compliance
Ingram Content Group UK Ltd.
Pitfield, Milton Keynes, MK11 3LW, UK
UKHW020248250726
13967UKWH00004B/1574

9 782012 952805